JN063537

自分を癒すたちどまって

あなたこそ、
世界を変える
ゲートウェイ

中西研二
Kenji Nakanishi

ヒカルランド

人類が二度と味わうことのない強烈な時代に突入しました。
地球は、この先どこへ行くのか。
みなさんが思っている以上に、事態は深刻です。

しかし、どんなに深刻でも、慌てないでください。
この局面を大いなる視点から受け止め扱うことが重要です。
外側のシステムが壊れゆく今こそ、
内側で変容を遂げる大チャンスなのです。

ウソつきですよ、人間は。
自分に一番ウソをついている。
嫌な部分は見たくないからです。
自らを人間社会としてとらえたとき、
がん細胞はどこにいますか。
テロリスト集団ですか、凶悪犯ですか、
コロナウイルスでしょうか。
よく見てください。
内側にある想いが、象徴的な存在を外側に作り出すのです。

わかりますか。
自分を責めちゃダメですよ。
自分を責めるところに何かが起きることはない。

内側に入るということは、
あらゆるものは共に生きているということに気がつくこと。
そして、自分とはどういう存在なのか、
自分は本当は何をしたがっているのかを
もう一度思い出すことに他なりません。

不安・心配・恐怖の増殖は、ウイルスよりも問題です。
今、私たちにできる最も重要なことは、
自分の内側を平和にすることです。
一人ひとりの内なる平和は、
巨大な力となって、
確実に外側の世界を変えていきます。
今は縮こまるときではありません。

世界はあなたから変わるのです。
だから、本気になって
自分の内側に入ってください。

著者：ケビン（中西研二）

自分という広大な宇宙と一つになる内なる旅、
それは、自分を愛し癒していく
聖なるプロセスそのものなのです。

たちどまって自分を癒す◉目次

第1章　壊れゆく世界

第2章　宇宙の神秘——人類という生命体

第3章 真の癒し――ヒーリングとは何か

第4章 マインドからの飛翔

第5章 あなたこそ、宇宙知性——現実をつくる力

※本書は、2020年3月～4月に開催されたセミナー＋追加取材した内容をもとに編集・構成しています。

・3月9日開催「宇宙にオーダーを通す強烈なパイプに繋げます　ケビンの『シュリシッディの会』」（ヒカルランドパーク主催）
・3月30日開催「宇宙知性と繋がる瞑想会／DNA（先祖）を解放するワーク付」（いやしの村東京主催オンライン開催）
・4月11日開催「宇宙意識につながる覚醒セミナー　ケビン×シャンタン」（ヒカルランドパーク主催オンライン開催）

カバーデザイン　長坂勇司
本文マンガ　yae works
編集協力　宮田速記
校正　鷗来堂
本文仮名書体　文麗仮名（キャップス）

第1章

壊れゆく世界

コロナ騒ぎが人類に伝えること

世界中でのロックダウンや日本での緊急事態宣言を含めて、コロナ騒ぎがこれほど大きくなるとは、当初、私も想像できませんでした。

「これは何のために起きているのだろうか」

そのことについて、深い瞑想をしました。

そして、はっきりとわかったことは、ウイルスが人工的なものであれ、あるいはそうでないとしても、いずれにせよ「何かの警告なんだ」ということです。

人類は今、大きな瀬戸際に入っています。このことをみなさんに真剣に受け止めていただきたいので、先に悪いニュースからお伝えしますが、いたずらに不安がらずにお読みください。

不安、心配、恐怖の連鎖

コロナウイルスそのものは、みなさん考えているよりはずっとやさしいウイルスで怖くないんです。ですが、人間の気持ちが不安・心配・恐怖にかられてしまうと、そちらの方がよっぽど恐ろしいのです。

メインメディアは不安、心配、恐怖を煽(あお)っています。海外のメディアでも煽っている。そんな中、私たちは、妙なものを見ることになるんです。ボストンマラソンのときに大けがをしてインタビューを受けていた女性を覚えていますか。その同じ女性が、新型コロナウイルスに感染してインタビューを受けているんですよ。「肺にガラスが刺さったように痛かった」と言っています。でも、要するに俳優さん、役者さんたちじゃないか、という気分になるんですね。

そして「手を頻繁に洗いなさい。人と2メートル以上離れて」と徹底的に不安、心配、恐怖を煽ることにコロナは使われているわけです。ヨーロッパでダンスの教室が開かれたら、お互いに棒を持って、その距離以上は近づかないようにして踊っている映像がありましたけど、なんとバカバカしいことだと思う。さらに「長時間、近くで話さないように。なるべく離れて話しましょう。換気をよくして、決して小さな部屋で密集しないように」。まさに人間社会を愚弄したような話です。ですが、そのつながりのなさの中で、誰もが恐怖している。意図的に煽られた情報の中で、不安・心配・恐怖が増すばかりです。

ワクチンの登場というシナリオ

そして、最終的には特効薬と称したワクチンがでてきます。このワクチンは、みなさんに対して強制的な力をもって、「打たなきゃいけない」というふうに言われることでしょう。打たなきゃいけないという上に、「こんな恐怖はもうたくさんだ」ということで、みんなが一斉に行く。

ところがそこが次の問題の引き金になります。たくさんのワクチンによる免疫力の低下、様々な奇病が発生して、人類は確実に大量に早死にすることになります。

ワクチンと名のつくものに一つもいいものはない。新生児にワクチンを打つ前に自閉症児は一人もいなかったと言われる。子宮頸がんワクチンがどんなにひどいものだかわかるでしょう。あれは遺伝子組み換え製剤なんですよ。そのために脳障害、神経障害、不妊など体内のあちこちをやられる。それで2000人を超える被害者が出たわけです。だから、一旦、積極的な接種勧奨が中止になりました。なのに、日本では現在、国会で「積極的勧奨を早期再開すべき」という議論が活発にされています。

結局、どのワクチンにも水銀が入っていて、これが生体エネルギーを破壊してしまうんです。

そこに5G問題が拍車をかけます。

水銀、5G、重金属の害

海は完全に放射能汚染されています。あの巨大なマグロの中にどれだけの放射能が入っているのか。調べてみればいいと思います。放射能じゃなくても水銀はすごく入っているというのが定説です。それを日本人はおいしいおいしいといって食べている。この繰り返しの中で、自分たちの中に重金属を溜めていくわけです。外側に持っている分にはいいけど、内側にいれてしまえば、それは毒です。それを一生懸命血液に混じらせないように細胞たちは中に閉じ込めているんですね。

人体の生命は、微弱な生体電流によって維持されています。なぜ電池もないのに生きているかと言えば、生体電流が流れているからでしょう。

そこに5Gがやってきてしまったのです。5Gは生体エネルギーをまともに流れなくして、人間の内側で重金属類を一生懸命押し込んでいた細胞たちが一斉に開いてしまう。そうすると重金属が一斉に血液に流れ込んでしまうのです。そして、ミトコンドリアなどが不活性化して、カルシウムショックが起こるわけです。

そこに何らかのウイルスが入ってきたら、どうなるでしょうか。その結果、肺炎になったり、様々なことになる。重金属を溜め込んだ順に、大変なことになっていくんです。ですから、魚をたくさん食べた人、肉食の人、ワクチンを打った人。こういう人たちがみんな重症化していく。そうしてたくさんの人をこの世界からなくす。それが人類を支配したい人たちが狙っていることだと思います。
こうやって人口削減計画という裏の計画が進んでいくことになります。

三次元レベルで言うと、陰謀説が、陰謀ではなくて、当たり前のように今は大手を振ってオモテにでてきた。強烈な形ででてきた。２％の人間が98％の人を支配しようとしていた。そのことが全部明らかになってきたんですね。

これまでの支配形態が一気にひっくりかえろうとしている今、大きな大きなターニングポイントを迎えているのです。

聖書の預言／疫病の次の食糧難

さらに今、地球上で進行していることは、それだけではありません。
ユダヤの聖書の中には、この時期、疫病が蔓延するということが書いてある。そして、次に食糧難の原因となるバッタの大群が襲うと書いてあるんです。

ところが本当に、バッタが登場したんですよ。サバクトビバッタが東アフリカに登場して、それが何と中近東に来て、今、インドを襲っています。このまま行くと、通り過ぎた後は全く食糧がなくなってしまうほどの大群です。これがめちゃくちゃに繁殖力がすごいバッタで、次から次へと子どもを産んでいくんですね。殺虫剤をまいてバッタを殺しても、その間に繁殖してしまうんですよ。今、2兆匹から3兆匹のバッタがいるといいます。それが一斉に襲ってきている（最近では方向を変えて、日本へ来る可能性は低くなったようです）。

「イナゴは食べちゃえばいい」と言った人がいますが、3兆匹のイナゴ、しかも今回のやつはおいしくないらしいです。固くて全然ダメだという話です。というのも、このイナゴはどうも遺伝子組み換えでつくられたイナゴじゃないか、ちゃんとこの時期に合わせて培養していたのではないかとも言われているのです。どういうことでしょうか。

さらに経済的にもゴタゴタになっています。アメリカもそうです。中国もそうです。この世界全体の経済の騒ぎは一体どういうことなのか。これは、ある一部の存在によって操作されているんですね。何とか体力があるところはいいけど、まだ伸び盛りの

ケニアの牧場のサバクトビバッタの大群
(写真：ロイター／アフロ)
サバクトビバッタは1日に100〜200キロも移動しながら、行く先々で穀物や果物を食べる。1平方キロメートルに集まるサイズの比較的小さな群でも、1日あたりで人間3万5000人とほぼ同じ量を食べるといわれる。国連の食糧農業機関（FAO）は緊急事態を宣言。2020年5月には第2波も発生している。

企業とか国は、次から次へと危機に見舞われて大変なことになると思います。

そうすると、次の段階では戦争になる。米国と中国はすでに戦争状態だという人もいます。国と国がコロナでブツブツに切られているでしょう。助け合いの精神は全くないわけです。そんな状態が続いていったら、あとは奪い合いになるじゃないですか。そういうことがあっちでもこっちでも勃発する可能性がある。

もっとも今の体制をくつがえす勢力が出てきたようですが、これこそが我々人間がつくった世界です。

そして残念ながら、自然環境、地球自体も大変動の中にいます。

自然からの警告・大異変まったなし！

宇宙とは「全体にして一つ」なんです。

その中で人類は、勝手なことをしてしまったんですね。昔々、人類はそこに作物を植えるなんていう発想をもっていませんでした。ただただ歩き続けて、そこに食べ物をみつけて、食べる。それが人類の姿だったんです。世界に存在する野生動物が全部そうでしょう。自分で作物作っているお猿さんみたことありますか。種をまいて作物を育てているお猿さんはいませんね。ライオンが食べ物を柵に入れて次まで生かしておくなんてみたことありますか。ないですね。ちゃんと全部が自然のままに起きているわけです。

ライオンは食べすぎることはありません。必要なだけ食べたらあとは全部残します。そうするとそこへハイエナがきたり、ハゲタカがきて、それを全部掃除してくれます。さらに、骨のすべてまで何千年かけて溶かしてしまうんですね。そういう微生物がたくさんいるわけです。循環の中で全部生命は生かされてきた。

ところが人類が勝手なことをした。森林を破壊したのです。それまで人類は破壊を一切しないで穴を掘ったり、木の上に住んでいた。それがいつの間にか、自然を破壊して自分の場所だと言いはじめた。その度に自然は警告しました。例えば、森林を破壊した途端に、水が大量にあふれてしまったり、あるいは土砂崩れを起こしたり、様々な警告を自然はしました。それでも人間は破壊し続けた。とうとう広大な場所がコンクリートジャングルになり、人々は大自然からどんどん離れていってしまいました。調和を常に壊してきたのは、人類なんですよ。それは大宇宙の中でもとても困った現象なんです。

一番困ったのは、人間が作り出したたくさんの電波です。

最初に電気が発明されたとき、太陽からやってくる光の波動が変ってしまいました。それに気づかず次から次へと電磁波を生み出していったんです。

そして、第一次世界大戦のときに、電磁波が人を破壊する大きな出来事が起きます。それは飛行機が飛んだことです。つまり電磁波を空の上からまき散らした。その辺から人間は健康を害し始めます。そしてやがてスペイン風邪というものが人類を襲います。全世界で２５００万人もの人が亡くなった。患者数は世界人口の30%とも言われているんです。その頃から、電波は山のように降っていました。１００年ごとにこういうことが起きるというふうにいわれています。

それから１００年後、２０２０年。予告されたようにコロナ事件が起きました。ここでも、人類が新しい電磁波にさらされる時期とパンデミックに奇妙な一致をみることになります。

もっともコロナは意図的に騒ぎを大きくした感がありますが、いずれにせよそのコロナはとうとう人間が作り出した、いわゆる経済構造まで壊しつつあるんです。もう生活を根本まで見直さなきゃいけないところまで人類はやってきたんですよ。まさに資本主義社会が壊れていく瞬間です。今みなさんは、歴史的な経済体制の崩壊をみていることになります。

これは何の計画なのかと言えば、たとえ裏の計画でそうなっていたとしても、**自然が「いよいよ気づきなさいよ」というメッセージを発しているのです。**

ここで今までと同じことをやっていったら、地球は「とりあえず人類を清算しますか」という結論になるかもしれません。

地球はあと12年しかもたない

コロナの騒動が世界で始まった２０２０年2月末から3月頭にかけて、インドの聖者、シュリ・アンマ&バガヴァンの聖地で行われた[※1]「アバンダンスフェスティバル（豊かさのコース）」に行ってきました。O&Oアカデミーの主催者でシュリ・バガヴァンの御子息・クリシュナジ[※2]とお会いして個人的に話したときに、クリシュナジがこう言ったんですね。

「地球はあと12年しかもちません。非常に大きな時期に入ってきました。この時期にどうするか。私たちが内側に入って、私たちの意識状態を美しい状態にすれば救うことができるでしょうけど、それ以外にはない」とはっきり言われたんです。

CO_2汚染は、抑制をかけないとあと8年で限界に達するそうです。そうなるとどう

※１、※２…38Ｐ～39Ｐ参照

なるでしょう。さらに地球温暖化が激しくなった結果、突如として寒冷化が始まり、地球は一転して氷河期に向かうことも予想されるのです。

今年は東京を襲うような巨大台風がやってきます。関東圏が中心になるんじゃないかと言われている。風速何メートルになるかご存じですか？　１００メートルですよ。風速１００メートルって言ったら、平屋が吹っ飛びますよ。２０１９年に千葉を襲った台風の瞬間最大風速が57・５メートルでしたね。それで屋根がみんなふっとんだ。今度は屋根じゃない。風速１００メートルだと、建物ごと飛んでいってしまいます。そういう災害は、来てほしくありませんが、今のままだったら来ます。

南極の氷は急速にどんどんなくなっていることはご存じですね。今年（２０２０年）の2月には、南極で観測史上初の20度超えを記録したそうです。明らかに異常な高温状態です。

今、地球上にある氷というのは、グリーンランドと南極なんです。この２つが溶けてしまうと、地球上から一切の氷がなくなるので、そうすると気温はもっと上がります。最新の調査では、グリーンランドの氷が溶ける速度は１９８０年代に比べて6倍も速くなっているといいます。かつての予想よりももっとスピードが上がっているんですね。

だから、私たちは決して安穏としていられる状態ではありません。

大地にはたくさん亀裂が入ってきたのはご存じでしょう。あっちでもこっちでも、強烈な亀裂が入り始めました。薩摩硫黄島ってご存じですか。あそこが爆発しました。薩摩硫黄島の上の火山が爆発したということは、あの下に海底火山としては世界最大の火口があるんです。あれがドカンといっちゃうと、地球は終わりです。

イエローストーンも動いています。いろんなところで、そういう火山の動きも含めて、決して安穏としていられない。アマゾンが一万数千カ所で火災になったのはご存じだと思います。同じようにオーストラリアの森林火災が起きて、その後、大洪水ですからね。世界中でそんなことが続いているんです。

歴史的な干ばつが南アフリカで起きたんですよ。その干ばつのために、象が集団で死んでいるんです。そこに例のバッタが登場したんです。

日本では、暖流が北海道にまで行ってしまって、昔は絶対捕れなかったブリが北海道で捕れている。さらに言うと、サンマは温かすぎる海域から逃げていっちゃった。

これだけ乱れてしまったんですよ。

北海道では小麦も全滅だそうです。なぜだかわかりますか。北海道は今年、雪がないんですよ。雪というのはある一定の保温効果があるわけです。だから、雪の下にまいた種は守られるんですよ。ところが、雪がないと土が凍ってしまう。だから、種は全部ダメになってしまうのです。北海道の国産小麦がなくなれば、当然アメリカやなんかの穀倉地帯から取りたいんだけど、今度は異常乾燥とかそういうもので、今年は収穫が相当悪そうです。中国も同じです。全世界的に食糧難になっている。自給率の低い日本なんて、ひとたまりもありません。こんな状況が実際に起きているのです。

地球の危機は、不安・心配・恐怖のエネルギーが巻き起こす

この状況は何を意味しているのか。

それは、**私たちの内側の不安・心配・恐怖が極限に達しているということです。**

実は私たちの内側が対立を繰り返す限り、気候も極端な気候になります。

気候も人類も一つなんです。

どういう仕組みが働いているか説明しましょう。

私たちは空気を吸っていますね。空気はどうやってつくられているか、知っているでしょう。植物が光合成によって炭酸ガスを吸って、酸素を吐き出して、それで浄化して回っているわけです。この循環が生きているわけですよ。

人間の呼吸は、外にある空気を吸って、酸素を使用して、炭酸ガスを吐きます。そのときに、単に炭酸ガスだけを吐いているのではないのです。**「氣」を吐くのです。**これ、全部波動が違うんですね。氣というのは、邪気もあるでしょう。覇気もあるでしょう。愛そのものの呼吸もあるでしょう。それらのものが、この空気を震撼（しんかん）させるんです。

私たちは毒を吐くこともできます。**何かを批判するということは、毒なんです。正しさで相手を裁き、敵をやっつけたり、動物の命を殺す、それは毒を吐いていることとまったく変わらない。**私たちのイライラや不安・心配・恐怖が空気を震撼させれば、出てきた気体はやがて雲になって雨になって落ちてきます。

そういう形で毒の波動は地上に降りたのち、大地に吸い込まれます。大地全体がその波動と同調するんです。それを作物が吸い、花びらになり、実をならし、それをまた私たちが食べます。あらゆる動植物がその波動を共有するんです。昆虫の果てまでも。そしてそれらのRNAとDNAのカスみたいなものが地上にばらまかれ、それに毒気が当たって、ウイルスが発生する。これを繰り返し繰り返し、何万年という時間やり続けていて、この循環の中で私たちは生きています。

つまり、怒り、不安、心配、恐怖を吸い込み続けた地球全体が危機だということを認識してしまうわけですね。そうすると、地球全体がきしみ出すんです。そのきしみが始まっているんです。

この循環を変えようと思ったら、あなたの内側をやっぱり絶対の平和とつながりのある、愛のある内側にしていく必要があるんです。これがすごく大事なこと。

地球はぐるりと一つ／循環の中の人類

これは全世界で起こっている出来事だから、私たちは今自分の内側を見る必要があるのです。地球は、ぐるりと一つなんですよ。

私たちの内側に入るということは、あらゆるものは共に生きているということに気がつくことだし、自分がどういう存在なのかをもう一度思い出すことに他なりません。

大切なことは、コロナを嫌って、より戦いを強めていくんじゃなくて、あなたの内側でそれを内省してみるということです。

コロナウイルスを責めるんじゃなくて、コロナウイルスを生んだあなた自身の内側を見る。そうするとコロナも役割を終えて消えていくんです。

一人ひとりがそれをやったとき、巨大な力になって、確実に世界が変わります。

想念波動は一瞬で伝播する

地球の周りに「バン・アレン帯」というのがあります。発見されたのは1958年くらいだと思います。この「バン・アレン帯」というのがすごくて、そこに私たちの波動が飛ぶと、ものすごい高速回転をしてあっという間に地球全体に届くんですね。

したがって、恐怖心も届くけど、内側の美しさや喜びもあっという間に地球上に届く。あなたが内側で何を感じて、何をしているかがそのまま「バン・アレン帯」には電磁波として飛んで行って、そして小さな粒子としてすべての人類の中にはいっていくんです。不安、心配、恐怖におののいている人類を方向転換していくには、**喜びを大量発信していく必要性を感じます。**

一番大事なことは、私たちの内側が平和で、そして喜びにあふれて、感謝にあふれていることなんですよ。そういう状態が自分の中に起きてくると、それこそが、大地に影響するんです。そのことをいつも思い出して、自分の内側で見てほしいんです。そうすると、「自分の存在とは何か。それと同じ形が宇宙なんだ」ということを知るプロセスが始まります。

ここでもう一度、インドのクリシュナジの言葉を思い出しましょう。

「地球はあと12年しかもちません。非常に大きな時期に入ってきました。

この時期にどうするか。

私たちが内側に入って、私たちの意識状態を美しい状態にすれば救うことができる

でしょうけど、それ以外にはない」

かつてルドルフ・シュタイナーはこう言いました。

「今、この時代、人間として生きていることは、とても大変なこと。**それだけに、私たちはそれに負けない霊的成長を遂げなくてはいけない**」

さあ、本番がやってきました。

人類は、霊的に成長しなければいけない。そのためのチャンスがやってきたんです。

今、私たちは、決断を迫られています。

内側に入るのか、それとも外に向かってまだ戦い続けるのか。

そこにすべてがかかっています。

どっちを取るかによって、世界がどうなるのかが決まります。

世界はあなたから変わるのです。たった一人のあなたが、全世界のすべての人を変えることができる、そのパワーを持っているのです。

（左）シュリ・バガヴァン（右）シュリ・アンマ

シュリ・アンマ＆バガヴァン

インドの聖者。カルキ・バガヴァンとも呼ばれる。カルキとは、ヒンズー教の聖典の中で、暗黒の時代（カリ・ユガ）に人々を救うために現れるとされる、ヴィシュヌ神の10番目の偉大な化身のこと（ちなみに9番目は仏陀）。バガヴァンとは現地で至高の賢者に対する称号であり、「お父さん」という意味でもある。

1949年3月7日、南インドタミルナドゥー州に生まれる。幼少の頃から、世界人類の苦しみの解放について模索し始める。精神性豊かな子どもの育成を目指した全寮制の学校の運営を経て、全人類の悟りを目指すゴールデンエイジムーブメントを設立。1989年よりディクシャと呼ばれる悟りのエネルギー伝授を開始すると、インド国内のあらゆる州のみならず、全世界からこの運動の賛同者が集い、その数は数百万とも数千万とも言われている。共同設立者はシュリ・バガヴァンの妻・パットマバティ・アンマ。2人の下で開催されたプログラムにより、ディクシャのエネルギーを与える多くの講師が生み出された。

現在は、御子息であるクリシュナジとプリタジ夫妻が主催する「O＆Oアカデミー」へ引き継がれている。

（上）エイカムと呼ばれる8000人が一挙に瞑想できる建物。O＆Oアカデミーの本拠地（インド）。
（右）2020年３月に開催された「アバンダンスフェスティバル」に参加した著者。

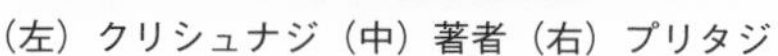

（左）クリシュナジ（中）著者（右）プリタジ

O＆Oアカデミーを主催しているクリシュナジ＆プリタジ夫妻は、コロナ禍の中、精力的にオンラインで世界中の人々へ向けてメッセージを発信。活発に祈り合わせの会などを行っている。

【O＆OアカデミーＨＰ】
https://www.oo.academy
【O＆OアカデミージャパンＨＰ】
http://ooacademyjapan.com/

第2章

宇宙の神秘――人類という生命体

一をもって万、万々もって一

私たちがこのコロナ騒ぎで身をもって体験したように、不安・心配・恐怖はいとも簡単に煽られ増殖していきます。理由は何であれ、みなさんのマインドはいつだって不安なんですよ。いつだって心配しているわけです。

なぜそういうことになってしまうのでしょうか。

そこには、人間という生き物の構造が関係しています。どういうことかというと、私たちは「死にたくない」という思いがすごく強いんです。

そうなる最大の理由は、宇宙の仕組みを知らなすぎるからなのです。

私たちは肉体を持って永遠に生きていることができないようになっているんですよ、大いなる宇宙の中で。それはなぜかというと、大きな意味で**「私たちは死なない」**からなんです。

私たちの本質は、たった一つから分かれてきた存在です。だからまた一つに戻るんです。一つから出てきて一つに戻る。このことを日本では**「一をもって万、万々もって一」**という言葉で表現しています。「一事が万事」というふうに簡単にしてしまった言葉もありますが、本当の意味は「一つから始まって、すべてのものは一つなんだよ」ということを言っているんです。それが、「あなたはわたし、わたしはあなた、みんな一つ」という言葉です。ハムサソウカムエイカムは、「ディバインの中に私はいて、私の中にディバインがいる」これらの言葉は、まったく同じことを言っています。

宇宙の構造／喜びのビッグバン

私たち人間という存在を理解するために、まず宇宙の成り立ちについてお話ししましょう。

この世界というのは最初に何があったかご存じですか。量子物理学ではこう言っています。ちっちゃな、ちっちゃな、ちっちゃな、ほんとに小さな素粒子が一つあった。

その素粒子が突然ビッグバンを起こして、この世界をつくり上げていくんです。そのことを、サイババは「ヒランニャガルバ（黄金の宇宙）」と言い、シュリ・バガヴァンやクリシュナジたちは「ゴールデンオーヴ」と言っています。金の卵ですね。光の玉です。

量子力学では、10のマイナス34乗からマイナス36乗秒という超短時間、その本当に小さな小さなものが、一瞬で大爆発・ビッグバンを起こしたのが宇宙の開闢（かいびゃく）だと言っています。だから全部がその中に内包された存在で、逆に言うと、その全部は小さな質量でまとまっているんです。

まさにゴールデンオーヴからすべてが始まって、ゴールデンオーヴの中に私たちは棲み、どの小さな単位のものにもゴールデンオーヴが入り込んでいる。

質量もあるかないかわからないその一点について、バガヴァンの言葉を借りるまでもなく、日本では般若心経の中でお釈迦様の言葉として伝えられています。

「色即是空　空即是色」

要するに、すべては空（くう）で、空はすべてを持っている。この般若心経が言っていることは、今たくさんの人が精神世界で言っていることと何ら変わらない。

ではその一点は何かというと、「喜びの大爆発だ」とバガヴァンは言っているんですね。形あるものになることで、たくさんの喜びを感じられる。だから、そこで創造したありとあらゆるものは、喜びなんだよ。悲しみも喜びで、苦しみも喜びです。すべてが喜びだと教えています。

実は古神道では、人類の発生からすべてを説いています。

古事記によれば天之御中主神（あめのみなかぬしのかみ）が始まりの神と言っています。日本書紀によれば国常立神（くにのとこたちのかみ）が宇宙神になっています。その上にあるもの、それが元主一神（もとすはじまりのかみ）。略して元旦神。このことについては諸説あるのですが、それを脇に置いてその働きを見てみます。

書道家であり、古代文字の伝承者でもある安藤妍雪（けんせつ）先生によれば[※3]天之御中主神が宇宙の始まりであり、その次に現れたのが高御産巣日神（たかみむすびのかみ）、神産巣日神（かみむすびのかみ）、それを造化三神と言います。これを現代物理学に当てはめるなら天之御中主神が中性子（水素原子）で高御産巣日神が陽子（遠心力）ヘリウム原子、神産巣日神が陰子（求心力）ということになります。

※3　安藤妍雪（あんどうけんせつ）著『世界の言語は元ひとつ―言霊と神代文字による21聖紀人類への最終メッセージ』（今日の話題社）より

スペース（宇宙）はエネルギーで充ちている

こうして始まった宇宙は、様々なことを繰り返します。

まず宇宙は、時間を作り、スペース（space）を作り上げました。なぜスペースを作り上げたか。それは、**ディバイン（創造主）が体験したかった**からです。様々な体験をするためには、まず空間が必要です。その空間のことを宇宙と言います。宇宙という字は、ウ冠で始まっています。これでわかるように、その空間をつくったわけです。

空間の中をまず満たしたのは、気体だったんです。最初に飛び出した気体が水素。水素から始まって、原子番号はずっと続きます。それらのものが空間を満たしたときに、空間の中にある種のエネルギーを発しました。それが、回転のエネルギーです。その回転のエネルギーの中でたくさんのものが結合し、やがて雲状になり、そしてそれが、燃え盛るようになる。エネルギーが燃え出すんですね。燃え盛った燃えカスが固まって、それぞれが球体となって宇宙を巡るようになる。それも極めて見事な曲線を描きながらそれぞれが軌道をもって動いているわけです。それが宇宙に無数にある星々です。

その中で太陽系と呼ばれている私たちの星があります。

太陽系がどうやってできたのかというと、これは、ロシア科学アカデミーの佐野千遥先生がおっしゃっていましたけど、実は、水金地火木土天海冥という惑星がありますが、この太陽という球体はもともとその惑星の一番大外まで大きかったそうです。そこからちょうどお産するように一つずつ惑星が生まれ出た。そしてそれが軌道を回りだした。だから最初、太陽の大きさは冥王星まであった。そこで冥王星を出産して、その分小さくなり、そして海王星を出産して、また一つ小さくなり、という形で星を全部生んでいったんですね。そして今の太陽の大きさになった。

ところが佐野先生は、「計算上、水星と太陽の間に、もう一つ惑星が生まれるはずだ」と言われて、それを何年の何月何日に生まれると日付まで正確に出したんです。

その日、NASAは観測データを出しました。しかも映像で撮りました。ちゃんとへその緒のついた新しい惑星が生まれでたんですね。この映像はたぶんYouTub eに残っているので見られたらいいと思います。この瞬間に佐野千遥先生の理論が正しかったことが証明され、全世界的に超有名な先生になりました。

これでおわかりいただけると思います。私たちの地球は、太陽系と呼ばれる大きな星の子どもなんです。その子どもが、軌道をまわっているんです。

では太陽はどうかというと、銀河系宇宙の端っこの方にいますが、真正太陽（中心太陽）を回っている子どもなんです。そして、大もとと言われる真正太陽も、また見えない大きなもとのまわりを回っているんです。

つまりこれが永遠に続くことになります。

すべてのものは回転している

どんなに小さな単位のものも、全部周波数を持って回転しています。

その「力」は振動を作り出します。振動は音、したがって周波数を持ちます。

周波数があるということは、回転しているということです。**回転エネルギーのこと**

を周波数と言っているのだから。その回転の数が違うので、それに応じていろいろなことが起きているだけです。

私たちの細胞を見てみてもちゃんと周波数はあります。この波動に対する研究は盛んに行われ、波動医学の分野では様々な効果も出ています。

それでは、**「死とは何か」と言ったら、この回転数である肉体の中から抜け出た存在になる**ということなんです。肉体から抜け出て何になるかと言えば、最初はエーテル体、次にアストラル体、感情体と言われるものになります。

感情にも周波数がある。その感情に固まった世界にいて、そこから、その感情を手放すか手放さないかで行く場所がそれぞれ違うわけです。

「この感情だけは手放せない」と思ったらその感情を握ったまま、その感情の周波数にふさわしい世界に行きます。それが「地獄」と言われている世界で、実は7段階あるわけです。地獄というと悪いイメージですが、その人にとって居心地のいい世界にいくだけなのです。

宇宙最大の秘密／死はない

では上はどうなのかというと、感情体を手放して次なるＢＯＤＹを持った人たちのことを、天上界にいった人たちというふうに言うわけです。

天上界に行くと、今度は魂といわれるひと塊の意識が解体されます。完全に解体されます。

このとき、味わい切れていなかったもの、それらをすべて「ヴァサナ」と呼ばれるプールに捨てていきます。ヴァサナのプールを抜けたその存在は、さらに高みに上がって、いわゆる光の中に入ります。もう個性を失い、一つの命として大生命の中に吸収されます。

これがこの宇宙の最大の秘密なんです。ですからみなさんは、死ぬことはないんです。どこまで行っても生きているんです。

それは、ずっと宇宙開闢（かいびゃく）以来続いていることなんです。

人間とは何か／アハンとアハンカーラ

では、宇宙は誰がつくったのかという話になる。

何もないところにある意思が働いたというのが、量子論の考え方ですね。

この意思は誰が持っていたのかというのがまだわからないけれども、いずれにしても意識がこの宇宙をつくったことだけは事実なんです。

この意識というのは、宇宙の知性と言ってもいい。本然の意識、至高存在と言ってもいい。そこからやってくる。インドのヒンドゥーでは、それを「アハン」という（日本語では神我）。

それと別に、肉体ができ上がって活動するにあたって、肉体に付随する意識というが生まれた。これが「アハンカーラ」です。アハンカーラのことをマインドといい、日本語では自我というわけです。

大いなる宇宙のすべては、「一」に帰するのです。私たちも宇宙すなわち本然の意識の一部であり、共同創造をしているのですね。それは、300億年かけて分離し、また300億年かけて統合するという分離と統合のパターンを持っています。これがブラフマーであり、パラブラフマー（創造の偉大なる意志）です。分離をどんどん繰り返したのちに、統合を始めるのです。

すべてはマトリックスであり、網の目のようにもともとつながっています。そして今というときは、人類の総体として統合に向かっているのです。

もちろん、一人ひとりも宇宙知性＝ゴールデンオーヴにつながっています。ここが私たちのふるさとだし、ここからすべての創造物が出てきた。一つ残らず、ですよ。ありとあらゆる創造物はここから出てきて、この世界にあるわけです。

ただ、**三次元は現象界だから、あると思っているにすぎない世界で、実在はゴールデンオーヴ、言いなおせば天之御中主神だけなんです。私たちは最終的には、全員、ゴールデンオーヴに戻っていくんです。内にあって、外にあるものです。**

別の視点からは、すべてに遍満遍在、唯一無二という言葉があります。これもそのとおり。遍満遍在唯一無二というのは、ゴールデンオーヴ＝天之御中主神を説明する言葉です。ここことつながることがとても大事なんです。

マインドが支配するに至る人類の歴史

ところが、なかなかつながれないんですよ。なぜつながれないか、ご存じですか。そこには人類社会がずっと繰り返してきた深い深い苦しみがあります。その苦しみの奥にあるものとは、私たちは自分の生存のために必死になってきたということです。

数万年前、私たち人類の先祖が誕生しました。

一番に生存欲求があるわけですが、その生存がいつも危険にさらされたんですね。当然、巨大な生命体もいるし、いろんな敵がいるわけです。そこから逃げなきゃいけない。そのためにどうしても頭を発達させないと生きていけなかった。その頭というものの中に、考えというのが生まれるわけです。その考えのことを自我と言ったり、いろんな名前をつけているけど、英語ではマインドと言います。そのマインドが、あなたを完全に支配したんです。そして、マインドによって思考することが当たり前になってしまった。

1万年前の人も今の人も、同じことを考えているんですよ。ただ、1万年前は、ライオンとかそういう猛獣からどうやって逃れるかということを一生懸命考えたけど、今は「株価が変動したらどうしよう」「会社をクビになったらどうやって生きていったらいいんだ」ということに変わった。ただそれだけのことなんですよ。事柄が違うだけで、マインドの底辺に流れている不安・心配・恐怖、悲しみ・怒り・苦しみ、こういうものは何も変わらないのです。

生き残るためにもった、不安、心配、恐怖がDNAによってずっと継承されて、そしてあなたの中には感情的なものとして残っていきます。

このために、常に常にあなたは疑い続ける。それでほんとにいいんだろうか、と。

今の私たちはマインドの塊であるがゆえに、単純に明快にストンと宇宙知性とつながれないんですよ。

不安・心配・恐怖——マインドからの創造

私たちは、死を怖れます。私たちは死なない、と何度聞かされても、わかりません。死を本物として、怖れ、生き残る必要性を創作しました。

そしてもう一つ、私たちは宇宙知性＝ゴールデンオーヴとつながっている存在だと言われても、疑います。自分は神から分離された孤独な存在だと信じています。

この信じ込みが、大いなるマインドのドラマを生み出していきます。

自我だけで存在していると信じ込んだ状態では、自我は常に不安です。何かにすがりたいし、すがっていても、本当にすがっていていいのかと不安です。つまり、本然の意識は宇宙そのものから真っすぐつながっているので、不安・心配・恐怖というのはないんだけど、自我のほうは、不安・心配・恐怖の塊です。

この不安・心配・恐怖が、病気を創造していくんです。実は病気も創造です。クリエイティブな創造なんです。私たちの内側にも創造主が存在しています。ですから出来事はすべて自分が創り出していくのです。

例えば、「俺もがんで死ぬのかな」と20歳のころにストレスを持っている人が、20年後に発症する。時間には蓄積能力があるので、同じことをずっと思っていると、引き寄せの法則と同じですよ。必ず引き寄せて、それを実現化するのです。そういうプロセスなんだということをちゃんと知っていると、不安・心配・恐怖がすべての病気の源だということがわかるわけです。

簡単に言うと、不安・心配・恐怖がなくなればいいんですね。ところが、なくならない。苦痛です。苦痛をなくしたくて、神仏にすがるわけです。だから、宗教は、常に常に不安・心配・恐怖の塊に訴えていくわけです。

罰を与えられるなんていうと、恐怖でしょう。朝起きたら、ちゃんと勤行して、夕べにもちゃんと勤行しなさい。これをしないと、あなたのご子息に、弱いところに、そのひずみが行きますよと言われると、みんな必死になってやるじゃないですか。このプロセスですべての病気ができ上がっているのです。これが、病気が出てくる一つの要因です。

アダムとイブの伝説が示す意味

もう一つ、私たちはアダムとイブの伝説を知っていますね。これは旧約聖書の話だけど、アダムを最初につくったとき、アダムは不安も心配も恐怖も全く感じないんですよ。楽園だから、楽園の中でただただ遊んでいたわけですね。

実はこの世界も同じように、天はすべてのものをただで、おカネなんかなくて暮らせるようにした。だって、そうでしょう。大気がなければ生きていけないけど、大気は、何リットル吸ったから、あなたへの今日の請求は幾らですというのが来ますか。カネにしたくてしようがない人たちはいるだろうけど、そんなことはないじゃないですか。

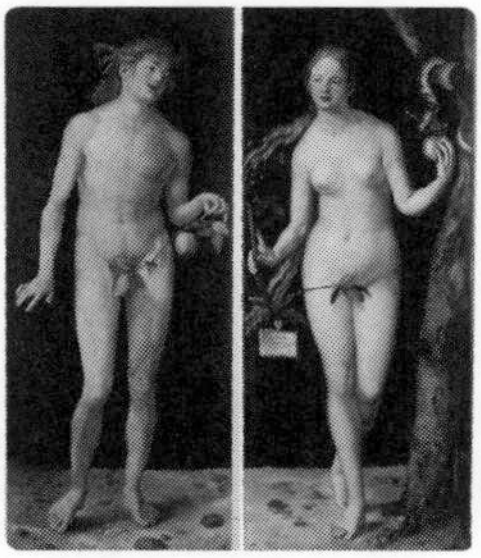

では、お水は？　本来、湧き水か、雨水かわからないけど、どっちにしても水は無限に供給されてい

アダムとエバ（アルブレヒト・デューラー画）

るはずです。

食べ物だって、食べなくても生きていけるというのが最近わかってきたじゃないですか。アダムは食べなかったんですよ。アダムは食べないけど、一人じゃつまらなそうだなと思ったから、アダムに対して最初は動物を与えました。その動物の典型がライオンだと言われている。すべての霊長類の生態系のトップにライオンが置かれるのは、ライオンというのはアダムの次につくられたものだからです。ライオンも、アダムと楽しく遊んでいたんです。

ところが、アダム一人では寂し過ぎるからもう一人加えようということでイブを与えた。

アダムとイブは、楽園の中で子どもはつくらなかったんですよ。十分に楽しんでいたし、つくる必要がなかったんです。

ある日、イブがリンゴの木の実を見てきれいと思っていたところに蛇が来て、「食べたらどうですか。おいしいですよ」と言う。「神様がダメだと言っているから、私は食べません」と言ったんだけど、「黙っていればわからないから」と言われて食べてしまったという話でしょう。それがいわゆるアダムとイブの楽園追放の原因になるわけです。

「食べてしまったのか。残念だが、おまえたちを置くことはできない」。そのときに神様は言うわけですよ。「ここから出ていきなさい。ここには置いておけないんだ。だけど、出ていった先では、産めよ、増えよ、地に満ちよ。たくさんの子どもをつくりなさい。そして、満ちていきなさい。苦しみも来るだろう。血を見るだろう。死を体験することになるだろう。だからこそ、死で終わらないように、次につなげていきなさい」と言われて、最初の子どもはカインで、次の子どもがアベルだったわけです。

アベルとカインの関係は、カインは農耕なんですね。アベルは牧童なんですよ。つまり羊飼いです。羊飼いのアベルはいつも笛を吹いて楽しくやっていたわけです。それを見ていた神様は、「アベルは楽しそうだな」と言って、いつもアベルの応援をする。

農耕をやっているカインは、汗だくになってやっているわけです。やっとでき上がったものを神様にささげて、「次の豊穣をよろしくお願いします」と必死に拝んでやっているのに、「自分を愛してくれないで、遊んでばかりいるアベルを愛するって一体どういうことだ」と言って、ねたみ・そねみ・ひがみが発生して、嫉妬心から、とうとう畑の中に呼び込んで、アベルを殺しちゃうわけです。

この物語はここから始まるからおかしいんですよ。カインは、二人しかいない子どもの一人だと考えたらおかしいんですよ。実はたくさんいたんです。九百何歳まで生きたというアダムとイブは、その間、ずっと子どもをつくり続けていたわけだから。カインはその子どもの一人と、次から次へと子どもをつくって、そして現代につながってきたという伝説です。

伝説の中にたくさんのヒントがあって、人は嫉妬心によって殺人事件を起こすんです。不安・心配・恐怖と嫉妬心で。嫉妬することで殺人を起こすということは、逆に言うと、**死に至る病を自分の内側に持つ**ということです。感情の激高というのは、命を削っていく原因になるんですね。

マインドが生みだすドラマ

同じようなことですが、イザナギ・イザナミノミコトだって、二人は楽しくやっていたけど、イザナミノミコトが先に死んでしまった。イザナギさんはイザナミノミコトを追いかけて、黄泉（よみ）の国に行く。そしたら、黄泉の国から上がってきたイザナミノミコトが、皮膚がドロドロに溶けてうじが湧き、見る影もないほどお化けになっていたわけですよ。「うわーっ、怖い」と言って必死に逃げると、追いすがるようにイザナミがやってきて、口論になった。そこに現れた菊理媛（くくりひめ）がまあまあと言って二人をまとめて、事なきを得た。結局、不安・心配・恐怖と、生きているものが美しくて死んだものが汚いということに対する嫉妬心と、両方が相まって物語ができ上がっているわけです。菊理媛のことはいろいろ言われていますが、イザナギ・イザナミノミコトのお母さんという説がある。「ホツマツタヱ」とか、そういうものを読まれると、そんなことが書いてあります。

　私が言いたいのは、ドラマというのはよく似ているんです。ということは、世界は同じ、共通だということです。どの切り口で言ったとしても、私たちのマインドや感情を含めた考え方というのは、完全に浄化しない限り、安心感の中にいない限り、世界に平和はないということです。

病気を克服するのは、不安・心配・恐怖が自分の内側から完全になくなったときです。にもかかわらず、例えば亡くなったとします。完全に亡くなったと言える人の一人にお釈迦様が挙げられます。お釈迦様は毒では死ななかったけど、寿命で死んだんです。寿命は来るんですよ。寿命って何だということになる。

この世界にやってきて、必ず帰っていく寿命というのがある。そのサイクルが非常に大きなスパイラルで動く人と、小さく動いている人の違いだろうと思うんです。それだけなんですよ。どちらも実は永遠に生きているんです。この世界から消えて、違う世界でまた生きているだけ。そういうことが心の底からわかってくると、随分安心する。

私はない／『個』があるという幻想

私たちが何かにつけて争う原因となっているのは、「個」というものがあるからです。「個」つまり、自分というものがあって、他人がいると思っているわけです。

三次元では分離をしないと体験できないから、分離をしたんだけれど、分離は統合に向けた分離だったんです。

「私は誰か」という問いは、宇宙の神秘とつながっている最大の命題です。

私がインドでのワンネス体験によって確認できたことは、「私はない」という真実です。私という側があるような感じがする。つまり、人間というのは外側にある答えばかりを見ていて、本質が何であるのか全くとらえていないのです。

バガヴァンは喩えとしていつもこう言っています。

「川が流れています。そして川は干上がるときもあります。干上がってただのくぼ地になってしまっても、人はそれを川として見ているのです」

つまり私たちは外側ばかり見て本質的には何も見ていないということです。

人という存在はエネルギーの入っているただの器にすぎません。

私たちはその内側に入っているエネルギーそのものなのです。

このことを、インドにおいて私自身のワンネス体験の中で確認してきました。

自分という意識の作られ方

では、あなたが自分のものだと思っている意識とは、一体何なのでしょう。

シュリ・バガヴァンによると、人は肉体を去ると、人類共通のヴァサナのプールに、花びらを1枚ずつ脱ぐように体験しつくしたヴァサナを落とすのだそうです。ヴァサナとは、過去生の質、香りとも言えます。あとにはまだ体験しきっていない執着が残ります。

そして再びこの世に生まれてくるとき、今まで体験し残したものに基づいて人類共通のヴァサナのプールから10種類の過去生が選ばれ、それをまとって生まれてくるのだということです。

私たちは魂の存在を信じますが、実際には固有のものとしての魂はありません。もし固有のものがあってそれが転生しているなら、ワンネスなどあり得なくなってしまいます。

自分という意識は、様々な人生を経た様々な人たちのヴァサナが集まってできています。そのヴァサナが実際に形として表現されるのがカルマ（原因と結果の法則）であり、マインドです。

想い方というのは、実はヴァサナやカルマのなせるところのものです。

そのカルマにマインドがつけられていきます。人の内側に起こる様々な考え、概念、思考パターンの他に、条件付けもされていきます。ヴァサナ、カルマ、マインドは形が違う同じものとも言えるのです。

過去生からつながっている執着においてヴァサナが選ばれ、カルマが選ばれ、両親が選ばれているのです。それによってあなたという人格ができ上がり、あなたという概念ができ上がって今があるのです。

余談ですが、幼児の胎内記憶を研究されている池川明先生によれば、日本に生まれたい人が大勢いて大行列ができているそうです。

幸せになれないループを知る

私たちは、一人の例外もなく条件付けとトラウマ（心の傷）と概念の支配の中でこの世で生活しています。とことんロボットなのです。あなたはその考えを持つしか方法がなかったのです。その意味では努力によって想いを変えることはできないのです。

例えば、みなさんの性格はみなさんが生まれる前からできていたと説明しました。お父さんとお母さんの2人を合わせたら自分になるんだなというのは、何となくわかるじゃないですか。ところが、お父さんとお母さんを超えたところで性格ができるんですよ。じいちゃん、ばあちゃんも、そこに加わっているわけです。そのまた前のじいちゃん、ばあちゃんも加わっている。そのまた前も、そのまた前も。ざっと5000年間の集大成としてあなたが出てきているので、あなたにあなた自身を変えることなんかできるわけない。無理です。無理だということを知っていてください。それなのにあの人のようになりたい、こうなりたいと、いつも何かになろうとしています。そこであがくから、私たちはいつまでたっても幸せにならない。なぜなら自分を責めることばかりやってしまうからです。

自分を責めるところに何かが起きることはない

あなたを責める必要はないのです。あなたはそういう設計図のロボットの中に乗ってきただけにすぎないんです。今回はこのユニットの中に入りますということです。**あなたはちゃんとした純粋意識の中で、ゴールデンオーヴを持った存在なんですよ。**生まれる前から。**そのことを知っていてください。**

そうすると、ゴールデンオーヴとのつながりが非常に明確なものになるのです。

わかりますか。自分を責めちゃダメですよ。自分を責めるところに何かが起きることはない。どうも「私はこういう性格だからこれを直さなくちゃ」「こういう考え方だからこの考え方を直さなくちゃ」と思う人がたくさんいらっしゃるけど、直りません。無理です。

そうでしょう。あなたはあなたのままでいいというのは、そういうことなんです。だって、あなたのままで生まれてきたんだもの。あなたのままでいいんです。

変わろうとすることが苦しみの元

私たちは、自分自身が変わろうなんて考えないほうがいいんです。それがみなさんを一番苦しめてきた原因だから。

みんな苦しいんですよ。ただ、人間は、とっても巧妙で、苦しみのやりくりがうまいんです。女性は、頭にきたことがあると、「あー、もう今日はやけ食いだ」と言って、スイーツ、スイーツ、スイーツ……。男は酒のんで忘れちゃおうとする。「今日は朝からずっとDVD見るんだ」なんて言って、そうやってやりくりするじゃないですか。踊りに行こうとか、どこか遊園地に行こうとか、あるいは旅行してすっかり忘れようとか、いろんなことをするじゃないですか。あれはみんな苦しみなんですよ。

苦しみのない人に、別に休みは要らないんです。何で休みが必要なのか。仕事して疲れるからでしょう。仕事が何で疲れるのか。あなたがしたいことじゃないからです。したいことをやってごらんなさい。いつまでやったって疲れないから。そうでしょう。そうやって苦しみの中に私たちはずっと生きてきたわけです。それで自分を変えなきゃ、自分を変えなきゃとやっているから、もっと苦しむんだ。みんな苦しいの。

パートナーを見つければ、それで幸せになると思って、「愛しているよ、愛しているよ」「どれくらい愛している？」「これくらい、アーン」なんてやりっこして結婚しますよね。一緒になって生活してみたら、「こんな人だったの。つき合っているときとまるで違うわ」なんて言って、けんかが絶えない。毎日毎日ちょっとしたことでけんかして、あげくの果てに、「性格の不一致ね」。当たり前だ。最初から不一致ですよ。それで結局別れちゃう。別れたら次の人に行っちゃうんですね。またそこでガタガタやって、大騒ぎになっている。こんなことが実際にずっと繰り返されているわけです。

何で本当の意味でのソウルメイトと呼べる人を見つけられないか。

それは自分自身を愛せないから苦しいのです。自分が苦しみの意識状態にいるときは、どうしても幸せな人を見つけられない。大抵、似たような人を見つけます。そして別れてしまえば、問題は解決したと思う。

なんか、とっかえがきくんだと思っているんですね。

関係の絶対性

ここで大事な話をします。

人類は**「関係の絶対性」**ということをちゃんと理解していないんです。

あなたの親は取り換えることはできませんよ。たとえあなたにとって迷惑な親かもしれないけど、あるいはいやな親かもしれないけど、その親は取り換えることはできないんです。絶対に。そして、その親から生まれて兄弟たちがいた。その兄弟たちも換えられません。親戚も換えられません。親が住んでいた地域性も換えられないんです。全部、決められた世界の中の関係の中で体験をしていくことになります。

このことを理解しているでしょうか。これはとってもとっても大事な話で、私たちは何をしているのかと言えば、「関係の絶対性」を味わいにきているんです。

にもかかわらず、自分は「変わりたい、変わりたい」と言います。「親に変わってほしい」と言います。夫になる人間にも、「あの人のあれがなくなれば」と言っています。でも、それがなくなったらあなたのパートナーではないんです。あなたはその条件の中で体験するということを生まれる前に約束しているんです。

とってもひどい暴力的な親に育てられた人もいると思います。あるいは逆に、ほったらかしでお金だけ与えられたという人もいるかもしれません。でもその親を選ばないと、あなたの学びたい関係性は与えられなかったということです。

私の知っている子はですね、ご両親ともとっても有名な方で、一人は弁護士さんだったかな、一人は大学教授、そんな二人だったのですが、お金には不自由しない。ただ忙しすぎて子どもの面倒が見られなかったから、お金をいつもテーブルの上において、「これで適当になにか食べなさい」と、小学生のころからそれでずっと放置されていた。

小さな子どもが買い物行ったら何を買うかわかりますよね。お菓子を山のように買ってきて、バリバリと食べていた。それが主食だった。そんな生活を何年間も続けていれば当然、低体温で体が寒くて仕方がない。それでも親はそのことにすら気づかずに、本人は死にかけるほどの病気になるわけです。そこから玄米菜食に変えたんですという話をきいたことがあります。

こういう親もいるでしょうし、逆にとっても丁寧に育ててくれた親もいらっしゃるかもしれません。パーフェクトに親が良かったとしても、あなたがもってきたテーマがあるとしたら、他人からそのテーマを与えられます。それは約束していることだから。その他人との体験の中で、「親はとってもすばらしかったのに、なんでこんな体験をしなければならないのか」という体験をさせられるかもしれません。そう言うのも全部与えられてきているんです。そういうことを「関係の絶対性」と言うんです。

あなたが換えられる関係性って一つもないんですよ。 ここわかります？

今、あなたの周りを見てください。敢(あ)えて外側を観ます。そこに存在している人を取り換えることはできませんよ。「いや、別れることはできるじゃないですか」。そうですね、別れることはできます。そうすると何が起きるかというと、そのパートナーと別れると、あなたのカルマにふさわしい、もっと厳しいパートナーが現れるんですよ。「えっ、こんなはずじゃ」ってなるんです。あなたが観念してあきらめるまで、もっとすごい人が現れてくる。
DVを受けた女性が、いろんな形で逃げて、今度は優しい男性と一緒になった。ところがその人は、酒乱だったとかそういうことが往々にしてあるんです。

内側を観ない限り、外側の現象は続く

なぜそうやって繰り返されるかと言ったら、あなたが、あなたの内側を観ないからです。

「一をもって万、万々もって一」
「ディバインはわが内側にあって外にある」

この関係性が見えてくると、これがわかってくるんです。
あなたの内側に存在しているものが、外に現れているだけなんです。

他人の形をとって、他人がわざわざあなたの前で演じてくれているだけなんです。あなたが気づくまで、周りはそれをやり続けます。人のせいにしている限り、どんどんひどくなっていきますよ。

今、私のところにきている夫婦がいます。この夫婦は、出逢いの場所が精神科病院でした。二人とも、生活保護をうけて生活していました。普通はそれだけでも大変なことなんですけど、今、子どもが生まれたばかりなんですね。

私は妊娠したと聞いたときに、「大変だな、その子」と思ったんですね。「子どもはかわいい」と、私のところにどんどんメールがきます。そりゃ生まれた子どもはかわいいと思います。小さいですしね。でも、もう毎日のように夫は家出しているんですよ。「もう、おまえとはやっていけない」と言って家をでていく。そのたびに「夫は家をでていきました」と書いてくる。それが収まったかと思ったら「これから私死にます。長い間お世話になりました。生きていることに意味を感じません。私が生きているから悪いんです。ごめんなさい」と書いてくるんですよ。毎日毎日、日替わりメニューのように。

この子たちは、自分の内側を観ません。すべては外側にあるんです。まず奥さんが最初に言ったのは「母はすばらしい人でした。本当に理想的なお母さんでした。しかし、親族が悪くて、母を陥れようとした。だから親族が憎いんです。いまだに親族に嫌がらせをされて、電話は盗聴されているし、いつも見張られています」というのが、テーマでしたよ。

夫の方はどうかと言えば、警察官だった父親から常に暴力を振るわれていた。兄貴もいるけど、兄貴からも常に暴力を振るわれて、自分はいつも生きた心地もせずに、ずっと我慢で生きてきた。そこから精神病になっていくんですけれども、この典型的なケースです。私たちの会にくるんですけど、とにかくその会の人全部が、悪い人になるんです。許せない人になって、誰かれ構わず、罵りだすんですよ。でも私の知っている限り、うちにきている会の方は、みんな優しい人ばかりです。仲間褒めをするわけではないですけど、本当に優しい人です。だから最初はみんな同情したけれども、最後にはみんな困惑してしまう。そしてまた彼らは同じ問題をくり返すんですね。

みなさんは、ここまでではないかもしれません。

しかし、あなたが内側に入らないと、コロナウイルス、あるいはそれに象徴されるような出来事はこれからも続きますよ。

インドの14歳の神童（アビギャ・アナンド）の預言によれば12月20日にさらに強烈なウイルスが現れて、人類を苦しめるといっています。

悪役を演じる魂

歴史上一番悪い人は誰なんでしょう。誰が悪者なんでしょうか。

例えば、ヒトラーという存在を考えたときに、ヒトラーは悪者でしょうか。たくさんのユダヤ人を殺しましたね。だからヒトラーは悪者ですよね。でもそこで終わらない見方をすることができます。ヒトラーは、人類のある種の代表としての悪役に徹しただけだという見方です。

世界を支配してきた存在についても同じことが言えます。誰かが闇の勢力のトップはなんとかさんだと名前をつけて言いますけど、その役をやっているということです。

逆に言うとその人たちは悪役に徹してくれているんです。

地球映画劇場では悪役も必要です。その大きな大きな見せ場が今始まった。支配している人が前面にでてきているということは、どういうことでしょうか。それは、私たちの中に支配したいという思いがあるということです。私たちの中にある支配したいという気持ちが形になって現れているだけなんです。みんなの集合意識ですから。それを内側で観ていくときがきているということです。ウイルスは病気への怖れの現れですよ。

内側の対立関係は、象徴的にそういう人物を作り出す

大河ドラマで例えば「貧乏なお百姓さんがそのまま貧乏で死んでいきました」と言ったら、大河ドラマにならないじゃないですか。貧乏な家に生まれた人がだんだん出世して天下を取ったから、話になるわけですね。それをみんなが見たがるわけです。その傾向があるということは、その物語を展開する人をたくさん作りだすということ

なんですよ。

出世物語が面白いという気持ちがみんなにある限り、必ずヒーローと影のヒーローを作り出すわけです。みんなが幸せでみんなが豊かな世界を、言葉では求めていると言っているけど、心底本当に思っているのか、というところを観る必要があるのです。そこを観ると見えてくるものがあります。ほとんどの人に野望があります。

それをやっている最中か、砕けているところか、あきらめてしまったか、いずれにしても、その大もとに野望がある。その中で地球上でわずかな人たちがそうではないところに目がいっている。そういう気がするんですね。

内面にある想いが、象徴的なその人を外側に作り出します。
世の中に起きることは、全部自分たちの内側にあるものだと思った方がいいです。

例えば、相模原で知的障害者の施設を襲った事件がありました。犯人をおかしな人だと思うでしょう。でも、すべてだとは言わないけど、身障者に対して温かい目で見られずに、そんなやつは消えた方がいいんだよ、早死にしたほうがいいんだよという思いを隠し持っている人もいます。口に出さないだけです。

以前、山手線に乗ったら、びっしり混んでいました。私は優先席の前で立っていたんですけど、入ってきた女性がいきなり電車のつなぎ目のところを開けてそこで寝ちゃったんです。あれ、どうしたんだろうと思ってみたら、身障者のマークをつけていました。でも誰も、それに対して注目もしない。知らん顔をしている。ビッシリ混んでいたけど、「すみません、すみません」ってどけてもらって、ドアを開けて起こして、優先席に連れていきました。

「すみませんけど空けてください。このマークつけてますよ」と言ったら大慌てで一人立ったので、そこへ座らせたんですね。そしたら、急にその隣の人も立ったんですよ。なんか変な病気を持っていると思ったんじゃないですか。嫌な顔して、逃げていった。つまり優しい心で立ったのではなくて、しょうがないなと思って立った。

これは、相模原で大量殺人を起こした人の気持ちとあまり変わらないです。知的障害者を忌み嫌う思いがどっかにあるんですよ。だから自分の内側を見た方がいい。

最近の若い人の多くは、年寄りは役に立たないのだから早く死んだ方がいいと思っているようです。そんな人だってやがて年寄りになるんですけどね。

自分に対して、いつも攻撃的な人がいますね。そういう人は、内側で、人に対する攻撃性を持っています。例えば「私なんて死んだ方がいい。私なんて消えた方がいい。私なんてどうにもなんない」と言って自分を責めている人がいます。そのときに自分をちゃんと観ることが必要なのです。そうでないと、他の人に対しても同じように攻撃的になりますよ。

正反合／反対するエネルギーを昇華する

日本人の記憶の中にはもうないかもしれないですが、私が、戦争というといつも思い出す小説が『野火』（新潮社・他）。大岡昇平さんの小説。あとは『バターン　死の行進』（河出書房新社）。バターン半島で日本軍が行ったとんでもない政策によって、フィリピン人を大量に殺してしまうわけです。このときにフィリピンの人はとても悲しんだわけですね。そして当時のビルマで日本軍が行った「インパール作戦」では、日本の兵隊さんたちも相当に亡くなっています。本当にばかばかしい作戦だったので

『バターン　死の行進』（マイケル・ノーマン、エリザベス・M・ノーマン著／河出書房新社）

すが、こんなことをたくさんやってきた。あとは、いわゆる南方に送られた人たちは、戦闘で亡くなった方は少なくて、ニューギニアで大量の人が飢え死にしている。いまだに遺骨も片付かれていない。大陸に行った人たちは、その場で殺されたか、当時のソビエト、シベリアに抑留されているわけです。どこもかしこも戦場だったわけです。わずか75年前にそれだけのことを味わった日本人なんですよ。本当は戦争はもう二度としたくないという思いが全員の中にあるわけです。

　にもかかわらず、私も戦争反対のために学生運動をしてしまうわけです。自分たちの正義を貫くためには今の政権ではだめだと言って、学生運動で立ち上がった。ちょうど香港で学生が立ち上がったのと同じ気持ちだったわけです。でもあれは、どこから見ても結局戦争ですよ。正義を貫くためには何かを滅ぼさなきゃいけないという戦いが起きるわけです。

　ところが、これは力関係だから、力が強い方が勝つわけです。だから、政府は常に勝ち続けることになる。政府は勝つためには手段は選ばない圧倒的な勢力です。そういう戦いをして人類が平和になることはないですね。相変わらず続くんです。

何かに反対するということは、敵に力を与えること。戦争反対と言えば言うほど、戦争を作り出す。これが宇宙の仕組みです。逆に言うと、私たちが大いなる宇宙の仕組みに気づいてしまうと、敵は敵でもなんでもなくて、一人の仲間になるんです。

悪役ほど、天界に帰った時にご苦労様と言われるともいいます。ですが、このことにここにいる私たちが気がつかないと、ただの悪役で終わってしまうんです。

神様が悪魔も作ったんですよ。一つになるということは、正反合ですよ。とても大事なことなんです。

リンポチェの逸話／誰のことも裁けない

昔のインドの話です。

チベットでは高僧のことをリンポチェと言います。あるリンポチェがいました。その方はすばらしい話をする方で、たくさんの人の信望を集めていました。それを妬んだあるお金持ちが、「なんとしてもこいつの化けの皮をはがしてやる」と言って、高僧になにをしたか。

寺院からリンポチェがでてきたときに、いわゆる娼婦をたくさん用意したんですね。ずらり並んでポーズをとって、次から次にいるわけです。そのとき、リンポチェはどうしたと思います？　その人はびっくりしてすぐに一番下に降りて行って、土下座して「神様、今日はこのようないでたちで現れてくださいまして、ありがとうございました」と言ったんです。それを見て金持ちたちは、「ああ、この人は本物だ」と思ったそうです。

多角的にものを見ていくと、誰のことも裁けないのです。裁き合うことに何のプラスもありません。そこからは何も成長がないし、解決策はありません。「正しさ」とは絶対的なものではなく、あくまで相対的なものにすぎません。

治らない人は、治そうとする人

医療では、人間を物理的なものとして患部を切り取る治療をします。しかし私たちの60兆の細胞は全部つながっているのです。どれ一つとて不必要なものなどありません。

嫌われ者のがん細胞の想いになったことがありますか。

もし良い悪いがないとしたら、がん細胞だって悪い細胞ではないわけです。

なぜがんができるかと言えば、体の99%を占める毛細血管に酸素がいきわたらなくなり、酸素のない状態でも生きていける細胞ができるわけです。それががん細胞なんですね。

その人の中の想いの一部分に対して警告を発するために出てきたのだとしたら、それは単に細胞としての役割を果たしているに過ぎません。

これを人間社会としてとらえたとき、みなさんにとってがん細胞というのはどこにいますか。テロリスト集団ですか、凶悪犯ですか、コロナウイルスでしょうか。よく見てください。**彼らは単に原因と結果の法則の中で表現しているだけです。**そうなった理由があるのです。その理由を受け止めることなく裁いていることと同じです。物事を一面的な部分でとらえて、裁いたり判断したりすることは無意味なことなのです。

最近、私のサロン「いやしの村」にはたくさんのがん患者さんが来ますが、切らずに取り組んでいる人たちは不思議なことにがん細胞とみんな仲良しになります。

大抵、治らない人は、治そうとする人です。病気にありがとうが言えるようになると、途端に病気が消えていく。がんを敵だと見なせば、敵は大きくなってきます。もし味方にしてしまえば、がんはその役割を終えて穏やかになります。癒しはがん細胞をも癒すのです。

世の中の仕組みとがん細胞とは全く同じなのですね。

地上に不必要なものは一つもない

私が今扱っている、セーフケアシリーズという洗剤があります。洗剤というと、そこの社長は怒るんです。彼はハワイ生まれのアメリカ人です。社長の話を聞いて私は頭をガツンと殴られた気分でした。なぜならこう言ったんです。

「**この地球上に不必要なものは存在しません。**人類にとって邪魔だと思うものはあるかもしれないけど、それも、また必要性に応じて存在している。したがって、あなたが汚れだと思って見ているものは、汚れではない。例えば、ペンキが洋服についた。それを汚れと呼ぶでしょ。ですが、ペンキはペンキのある場所に戻れば、ペンキなんですよ。つまり、住み分けていくことがとても大事なことなんです。それが整然たる秩序なんです。**地球は一つの生命体です。何一つ邪魔なものなんてないんです。**住み分ければいいだけなんです。だから、汚れと言われているものを落とすことはあるけど、殺すことはないんです」

このセーフケアシリーズでシュッとやるとカビは消えてしまいます。殺したのではなくてカビはお引越ししただけなんです。それを使うと、見事にどんな汚れもなくなります。そして河川までみんなキレイにしていってくれるんです。

要するにそこに、生命を大事にする愛があるんです。命がちゃんと生きていける環境づくりをしようという愛がある。それが奇跡の洗剤を生んだ理由です。

そういう洗剤を見て、みなさん感じませんか？

人間もみな、不必要な人間はいません。死刑にならなければいけない人間はいないんです。誰でも、それぞれに、それぞれの主張があって、意見があるだけです。やり方の違いがあるだけです。そこをちゃんと理解してあげると、**死刑にしたいという思いが自分の中から消えていきます。そうすると、死刑になるような犯罪が世の中から消えていくんですよ。**

映画『カンタ!ティモール』が教えること

今から一年位前に『カンタ!ティモール』というドキュメンタリー映画の上映会を行いました。

この映画の舞台は東ティモールというインドネシアの一番東にある小さな国です。もともとインドネシア領だった東ティモールが、独立宣言をして独立しようとしたときにインドネシア軍に攻められます。そして、ほとんどの東ティモールの人たちは殺されてしまうんです。もちろん、東ティモールにも軍隊はありました。しかし一発も弾を撃たなかったんですよ。

その映画を見て私は感動して、涙がとまらなかった。

その兵隊さんたちは脅すためだけに鉄砲を持っているんですね。それで隠れているんです。絶対に隠れている。そこを相手の兵隊さんが自分の家族をみんな殺してくるんです。目の前で、妹は強姦され殺されて、親も殺されて、父親も殺されて。みんなを本当にめちゃくちゃに殺した兵士が目の前に通る。その兵士をみんなでつかまえて座らせる。つかまえようとして殺されることもあるけれども、それでもつかまえる。つかまえた人を拘束すると思いますか？　そうじゃないんです。

その人を真ん中にして、兵士がみんなで鉄砲をもって座ります。そして自分たちは何をやろうとしているのかを聞かせます。なぜ立ち上がって独立しようとしたのか、何をやろうとしているのかということについてずっと語ります。そしてその兵士が、「そういうことだったのか、わかった。本当によくわかった」と言ったら、そのまま帰してあげるんです。

ただの一発もなぐらずに。ただの一発も弾を撃たずに、帰してあげる。

なぜか。彼らはこう語ります。

「憎しみは平和にはつながらないよ。私たちが求めているものは平和だから。お互いにつながってみんなで楽しく生きるために、存在しているから。そのためには、自分たちが次の憎しみをつくっちゃいけない」

そう言って、何が起きても笑顔でいるんですよ。日本人の女性が作った映画です。彼女が一人ひとりにインタビューしていくと、みんな同じことを言うんです。

「つらかった」って。

「でも、恨んでないよ。だって恨んだら平和はこないもん」

もう私は、私たちよりはるかに進んだ人類を見た気がします。私たちが今求めるものは、そういうものです。

クロザルのコミュニケーションに学ぶ

福山雅治さんがウォーレシアと呼ばれる東南アジアの島々を巡るテレビ番組がありました。そこは、今まで大陸とくっついたことがほとんどない島で、動物たちは独自に進化しているんですね。その中で、野生のクロザルが大集団で移動していた。クロザルたちは、大集団が一緒に移動するための非常に卓越した進化をしたんです。それは出会った猿同士が「ニッ」って笑い合うんです。両方で「ニッ」って歯を見せて笑って敵意がないことを示す。さらにもっと知り合いになりたいときは、口をパクパクパクパクとやるんです。そうすると相手もパクパクパクやる。こうやってコミュニケーシヨンをとっているんです。その映像は本当にすばらしいものでした。

あの大集団のサルたちが編み出したその方法、それこそが私たちがこれから内側で取り組まなければいけない平和だと思います。

個性とは何か

今の世の中はちゃんとワンネスになるために動いているんです。もっともっと親しくなるために、あらゆることが起こっています。お互いの垣根を超えていく。**お互いの中にお互いを見る。お互いの中に自分がいることに気づき始めることがとっても大事なんです。**

マインドというのは、それぞれの個性を表すと思っているけど、違う。

個性は個性でそこに存在するけれど、内側は一つなんです。

つまり１つの考えをみんなで分け合ってもっているだけです。

だから私たちはもともと分かれることなんてできません。それを無理やり分かれようとするから様々なぶつかり合いになるんです。これが正しい、これは間違ってる、これが良くて、これは悪くて。これを繰り返すから個の中で分離を起こし、人間関係においては対立関係が起こってくる。さらに社会においては政党間のように、主義主張で分かれていってしまう。他の国との関係においてもまたお互いの利権だけでぶつかり合う。

この連続で地球はやっていけるんでしょうか。やっていけないところまで来ました。コロナウイルスは一体誰が作ったのかという話はあっちでもこっちでも取沙汰されていますけど、みなさん、間違っても、犯人捜しなんてやめてくださいね。犯人捜しを泥仕合の中でやって、また対立を強めていく。恨みには、もっと大きな恨みがやってきます。なんにも面白くないですよね。「コロナウイルスは誰が作ったの？　そいつらが悪いんだ」という話からはコロナウイルス3型がでますよ。4型がでてきますよ。

私たちは全部一つなんですよ。他人なんていないの。本当はたった一つの存在なの。たった一つの存在が分かれて、今いろんなものを体験して楽しんでいた。悪い奴なんかいないんです。いい奴なんかいないんです。いいも悪いもない世界の中で一つなんです。

お互いに出会ったらにっこり笑って、もっと親しくなったら話せばいいんです。人間が一番進化していると思ったら、もうクロザルに負けていますね。

コロナウイルスが発生したおかげで、極端に、人間のコミュニケーションがとりづらくなった。そのおかげで却って、本質は何か、みんなが静かに自分の内側を見つめる日が来たんです。

私たちが何者であるのか、本当は何をしにやってきたのか。

そのことにもう一度意識を向けて、内側を観る大チャンスがやってきたと思います。

そして、内側を観るということと自分自身を癒していくプロセスは同じです。

次の章では、癒しについて、深く扱っていきましょう。

Q&A 1 固有の魂は存在しない⁉

質問者A　先ほど、自分は自分ではなくて、自分なんてものは変えられなくて、過去5000年間の集大成だというお話がありました。ということは、そこで諦めればいいということですか。やっぱり過去生の影響はあるんですか。

ケビン　当たり前じゃないですか。

質問者A　それはそれでいいとすることでいいんですか。

ケビン　だって、そういうユニットなんだもの。いいんじゃないんですよ。もうそれしかないんです。

人は、死ぬとこの肉体から離れる。だけど、死んでないんですよ。死んでなくて、最初にアストラルボディを持って行くわけです。アストラルボディ・感情体。霊体とも言います。地獄に行く人たちは、感情の固執から離れられなかった人たち。「この恨み、晴らさずにおくものか」とこだわった人たちが、こだわりに応じて地獄界を形成していくのです。誰かが地獄に落とすんじゃない。自分が求めて落ちていくんです。

そこからまたはい上がってきて、生まれ変わっていく、そういうシステムです。すごく簡単なんです。感情を手放したら、上にすっと上がれるんですけど、手放せないと、地獄という世界に行ってしまいます。わかりますか。地獄に行った人たちの感情体はどうしても生まれ変わっていきたいじゃないですか。だから、自分の子孫に対して、ＤＮＡの中に乗っかってくるんですよ。その感情が全部入ってくるのです。

だから、みなさんの性格なんていうのは、先祖の性格そのものなんですよ。それは江戸時代かもしれないし、鎌倉時代かもしれないし、もっと言えば、ローマ帝政の時代かもしれない。全然わからない。わからないけど、たくさんの感情が入り組んで、執着したものが全部くっついてくる。そこにこだわったら、自分でどうすることもできない。

質問者Ａ　ということは、魂というのは固有としてあるということですか。

ケビン　ないんです。魂なんてものは存在しない。

質問者A　たくさんのものは、何にくっついて来るんですか。

ケビン　私たちは、マインドを形成しないとやってこられない。じゃないと、いろんなものから防御できないし、ここに来るのもマインドがあったから来たんですよ。生きていくときに必要なんだ。

生まれる前にヴァサナのプールというところに行くと説明しました。ヴァサナって、簡単に言うとマインドです。様々な人が体験して、体験し尽くして残していったコアなユニットみたいなものがある。それを10種類つけるんですよ。過去生は何だったんですかというと、この10個のうちの1つとか2つとか見て、みんな「ああ、私は○○だったんだ」「あなたは○○だったんじゃない」と言っていますが、実際は、その○○だった人の過去生をつけてきただけ。香りみたいなものです。香りだから、あなたは例えば、坂本龍馬という香りをつけてきたということなんだ。そんなふうになっているわけです。だから、この世の中に坂本龍馬の過去生を持つという人が100人いても1000人いても1万人いてもいいんです。そんなふうにできています。その10種類のヴァサナをつけて、この世界に登場してくる、これが私たちのDNAにしっかり入り込んでいるわけです。

質問者A　その10個という数は決まっているのですか。

ケビン　大体10個です。それ以上つける必要がないので。10個あったら全人類のものを持ってきたようなものです。だって、そこにずっと枝葉があるわけだから。

あなたは、自分を諦めるしかないのかと聞かれました。そうではなくて、自分で変わろうとしても、変われないの。そういうふうに設計されちゃっているから。それはあなたのせいじゃない。そういう設計図がある、ということです。自分の内側にあるそういうものについて、あってはいけないものとか、これはダメなんだというジャッジメントがいちばん必要なくて、ただただそういう出来事があったんだということを、川の流れをみるように静かに見る。観ることで、そこを超越することができるんですね。

宇宙知性こそ、それを変えられるんですよ。でも、その宇宙知性にお願いせずに、自分たちでできると言えば、宇宙知性は何もすることができないから、そのまま見ているだけです。なぜ見ているだけだと思いますか？　これはゲームだから。いつでもご破算にすることできるんです。しかも時間も空間もない。だから宇宙知性にとっては、痛くもかゆくもないんです。「あ、そうきたの？　はい、わかりました。

じゃあ清算しましょうね。また一からやりましょう」ということができるんです。

逆に言うと、私たちの多くが、「この世界を喜びにあふれた世界、つながりのある世界にしたい」と願い、想いがそこに到達すれば、宇宙知性はそれを叶えてくれるんです。私の中に叶える力があるのではなくて、私の中の夢が叶うんです。

力は宇宙知性にあるんです。宇宙知性は意思を持ちません。すべてをゆだねているんです、人類に。だから、人類の自由なんです。でも法則があります。こうなったら、こうなるという法則があるんです。その法則通りに動いているだけです。生きる世界を変えたければ、やっぱり叫ばないといけない。内側でしっかり自分を観て、そのことを思い願わなければいけない。ですから、自分の内側でウソをつかない。正直な自分のことを観る。その作業をみんながやる時間に入ったと思います。そして宇宙知性にすべてをゆだねて、安心する。作ったのは宇宙知性なんだから、宇宙知性と一つになる必要があるんです。これを仏教では、「安心立命(あんじんりゅうみょう)」と言います。すべてをゆだねれば、おのずからそうなるんですね。

Q&A 2　闇の勢力をどうとらえればいいのでしょうか

質問者B　闇の勢力がいろいろやっているとYouTubeで見ているのですが、私はそれをどうとらえたらいいのか、まだ困惑しています。

ケビン　闇の勢力がいろいろやっているということはいろんな方が言っています。あなたは、たとえば、世界を牛耳れるほどの権力があったら牛耳りたいですか？

質問者B　先ほど自分の中にもあるんだよ、という話を聞いたときに、ああ、私にもあるかもしれないと少し思いました。

ケビン　はい、その通りですね。私自身を見たときに、その闇の勢力と一緒にいたら、私もそうするかもね、と思ったんですよ。正直。自分にはまったくないって、とても言えない。だって、誰も見ていなければ、私は仏さんの前にあった羊羹を一人で口にほおばっていた人間ですから。ちっちゃいときね、今はやりませんけど。

やっぱり、誰にでもあるんだと思うんです。長い間先祖たちが苦しみの中にいたとしたら、いつか仕返しをしたいと思うでしょう。そして計画通り権力を握った人たちが、世界的規模でそれをなんとかしたいと思った。そして実際になんとかしてきたんです。その集団が人口削減計画とかを実行して、「これが正義だ。美しい地球を取り戻すためには、人が多すぎるんだ。だから人を少なくして、きれいに保全すれば神の国がやってくる」。そう確信したら、やるかもしれないですね。

その勢力は、私たちのある種の心の代表です。なぜなら私たちは、お金を持てば幸せになるとどこかで思っているから。権力を持てば何でも思い通りになるとどこかで思っているから。とにかく、自分が自由でわがままに生きたいと思っているんですよ。人が自由で、その人がやりたいことがなんでもできる、ということを考えてあげるということをせずに、他人が不自由でも自分の自由さを求めるからです。そうじゃないですか？

そういう気持ちが作り出すんじゃないかな、そういう勢力を。

覚醒というのは、そのことに気づくことが覚醒で、気づけないうちはその渦中にいるということです。

第3章

真の癒し——ヒーリングとは何か

医療とヒーリングの違い／ヒーリングは治さない

「ヒーリング」というとどんなイメージをお持ちでしょうか。

私たちは通常病気になると病院に行きます。医師に診察を受けて、「風邪ですね」と言われると風邪薬をもらったり、注射をしてもらったりして帰ってきます。あるいは「がんです」と言われた場合はがん治療の方法を教えられてそれに基づいてその治療を受けます。このように病気に対してそれぞれの対症療法があります。

ヒーリングというのは、実はそういうものではないのです。医療とヒーリングの最も大きな違いは、人間を治療するという目的を持って行うのが医療であるのに対して、ヒーリングは治療をしないという点です。治さないのです。治すという意識を持たないということです。この点が両者全く違います。

なぜならばそれは肉体に対するとらえ方が違うからです。肉体というのは実は想いの表現体です。想いがまずあって、そして肉体がそれを表現していると思ってください。つまり、様々な病気という形の表現は実は想いの結果なのです。

したがってヒーリングが目指すものは、治療ではなく「癒し」です。

癒しとは、病気を治すことが目的ではありません。

ストレスからの解放

ストレスがないところに癒しは要らない。

大昔はストレスがあったかどうかわからないけど、現代社会にはストレスがないことは考えられないじゃないですか。例えば満員電車に揺られる、これだけでもかなりストレスだし、空気が汚れているというだけでもストレスだし、家が狭いのもストレスだし、職場環境云々かんぬん、ストレスの原因なんて幾らでもあるわけです。癒しというのは、まずそこからの解放ですね。

ストレスをずっとため込んでいくと、なぜか病気を発症するんですね。このメカニズムは、原因と結果はわかるんだけど、何でそうなるのかというプロセスがどうにもわからない。わからないけど、ここに重要なポイントがあるわけです。ここのエビデンスをとれと言ったって、とりようがない。この空間を埋められるものは何なのでしょう。

ヒーリングとはすべてを肯定的にとらえる作業のお手伝い

病気も事故も、想いがすべてをつくり出しています。あなたの人生はあなたが作り出しているのです。あなたが出会った人たちもあなたの想いで引き寄せているのです。つまり**何事も自分が原因だということに気が付くことです。気づいたときに、それを認め、許し、愛するのです。**古神道で「包み込み」と言っています。

私たちは何のために生まれてきたのか、本当は私たちはどういう存在なのか、そのことに想いをはせることがとても大切なことになります。そのことをまず中心に据え、そしてそれを癒しという形の中で表現していきます。

すべてを肯定的にとらえる作業のお手伝いがヒーリングなのです。そこがヒーリングの役割です。医学ではここはいじらないところです。ヒーリングはまともにこの問題と取り組んでいきます。

突然、ヒーリングの道へ

私は、ヒーリングをしたいなんてこれっぽっちも思っていなかったんです。でも、宇宙によってスケジュール化されているのか何かわからないけど、不思議なことが人生の中にいっぱいあって、歯車が全然違うところにいっちゃった。世の中の体制の中でガチッと生きていたはずなのに、そこから外されてしまって、アウトサイダーというか、マイノリティの世界に入っていってしまったような感覚だったんです。当時、自分の中にはとても大きな焦りもありました。こんなことで暮らしていけるんだろうか。男はまず足元を固めないことにはと思うのに、固めようとする足元がいつもすくわれるんです。

そのとき、腰痛がひどかった。今、腰痛について私は何と言っているか。

「どっちにしようかと悩むから、体の重心がずれる。それが腰痛の最大原因ですよ」

ぶれないで生きている人たちに腰痛はない。ぶれると、あっという間になります。

当時、それこそ大ぶれだったわけですよ。ぎっくり腰を立て続けにやるような、そんなひどい腰痛だったんです。


ヒーリングだって、やりたくてやったんじゃなくて、突然のように始まった。

ぶれにぶれていたときに、夢の中に、「おまえの腰痛には意味があるのだ」と言って出てきたのがサイババだったんです。「意味なんかどうだっていいから、治せばいいじゃないか」。そしたら、バキーンという音が聞こえて、私は飛び起きたんですよ。隣に寝てた家内を起こして、「治っちゃったよ。なんだ、今のは」。バキーンという音はかみさんも聞いているわけです。「よかったね、お父さん」と。


それから様々な展開があっという間に起こっていく中で、グーンとヒーリング能力が高まっていき、「ヒーリングを伝えなさい」と言われたので、セミナーを開始したんです。

価値観をひっくり返すヒーリングセミナー

そのヒーリングセミナーは人気がありました。今の形と全然違う。初級・中級・上級・スーパー上級と、きちっとした段階で上がっていくセミナーなんです。みんな、ヒーリングが習えると思って真面目に来るじゃないですか。ところが初級なんか、遊んでばかりいるんです。徹底的に遊ぶわけです。遊んでないとダメだ。つまり、リラックスできないじゃないですか。今までのいろんな勉強癖だとかそういうものを全部捨ててもらうために、遊んだんです。価値観もひっくり返していきました。

朝9時から夜9時までのセミナーですよ。12時間セミナー。20人限定だったんです。それ以上になると手が回らないので。徹底的にやりました。

例えば、途中でやるゲームでは、一番大事なものを出してもらうわけです。

「これ（指輪）は誰のものですか」と聞くわけです。

「これはあなたのものだと言っていますね。どうしてあなたのものなんですか」

「私が買ったから」

「これは何でできていますか。基本は鉱物ですよね。ということは石ですね。あなたは、石は私のものだと言っているのですか。石に代金を払いましたか」

「払ってない」

「じゃ、どうして私のものだと言えるんですか」

「おカネを払ったから」

「おカネを払った。石に、ですか」

「石には払ってない」

「じゃ、あなたのものだと言えないじゃないですか。これは石なんですよ」

一つひとつに対して、こんな感じです。

私たちは、すべてのものは地球にあるものをいただいて生活しているんだ。おカネでいただいているように錯覚しているけど、そうではない。もともと本来あったものを使っているだけなんだ。人類が勝手に盗ってきて人に分けるのにおカネという手段を使っているにすぎないんだよ、ということをかっちり伝える。

あなたはその感情を選択した

次のゲームはもっとおもしろい。

「最近、腹が立ったことは？」

「ありますよ」

「どんなことに腹が立ったんですか」

「子どもがテレビを夜まで見て、やめてと言ってもやめないから」

「お子さんがテレビを見始めるとずっと見ているんだ。おいくつなんですか」

「16歳です」

「16歳だったら、ほかにいっぱいやることがあるでしょうと思うからイラつくし、そんなに見ているんだったら、さっさと寝たほうがいいじゃないかと思うと、腹が立つんですね。腹が立つ理由はよくわかりました。同情もします。ちょっと聞きたいんですが、何で腹が立つんですか」

「やめろと言うのに、言うことを聞かないから」

「そうなんですね。やめろと言うのに言うことを聞かないから、腹が立つんですよね。腹が立つ理由はよくわかっているんです。同情もしているんです。で、聞いているんです。なんで腹が立つんですか?」と聞いていくと、みんなわからなくなりますね。

そこで最終的に「腹が立つという感情をあなたは選択しましたか」と聞くんです。「選択してないじゃないですか。条件反射じゃないですか。つまり、感情がやってくるままに怒ってただけでしょう。同じ問題で笑うこともできますよ。泣くこともできる。あなたは、腹が立つという選択を無意識のうちにやっているだけでしょう。感情は選べますよ」と言って終わるんです。

ノンジャッジメントの在り方へ

一つひとつ、ゲームを組み立ててある。つまり、裁かない生き方をどうやったら具体的に教えることができるかと思って、いろんなゲームを考案しました。

五感を楽しむのには、目隠しゲームをやったんです。目隠しして、必ず誰かが付き添ってあげて、いろんなものにさわらせるのです。おもしろいことに、目が見えないと、目以外の感覚が研ぎ澄まされていくんですよ。耳がよく聞こえるようになる。コーヒーを飲んでいると、このにおいが遠くからわかるんです。触覚もすごい。さわったものの感覚がはっきりわかるんですよ。五感のうちの一番大事な目を取ると、常識外れのいろんなものが、今まで当たり前と思っていたものが、全然当たり前じゃなく感じられるんだということを教えた。

そういう12時間だから、みんな楽しいですよ。

そうやって最後に、ジャッジをしないころになったとき、ヒーリングを教えるのです。そうすると、あっという間にヒーラーになります。ジャッジしているヒーラーはヒーラーさんじゃない。いろんなヒーラーさんを私はよく知らないけど、少なくとも私が教えている「ＪＯＹヒーリング」と「愛和道」のヒーラーはジャッジしません。あるがまま、そのまま、そのまんまでオッケーです。

丸ごと愛し、認め、受け入れる

病気のもとになる思いに対しても、ジャッジをせず「そんなつらいことがあったんだよね」と、そのまま受けとめます。

例えばがんになる人というのは頑固な人だとか、強いこだわりやとらわれをもっている人などとよく言われますが、これを裁きとしてとったり、裁くように言う人がいます。

相手に「こだわり・とらわれを取りなさい」と説教してしまうと、ヒーリングの目的は何も達することになりません。そうではなくて、今まで生きてきたその人の人生を丸ごと愛し、丸ごと認め、丸ごと受け入れる、そのことがヒーリングで一番大事なことです。免疫力を高めたりいろいろな食生活をすることはとても大事なことですが、それ以上に大事なことは、肉体すべてにわたって癒しの波動を送るということなのです。それがヒーリングと医療の違いであり、重要なことなのです。

ヒーリングをしていて気づくのは、病気の想いを持っている人たちは背中から何からガチガチになっているということです。こだわり・とらわれの中で必死に生きてきた結果として、あらゆるところにしこりがあります。その結果の一つががんという表現をとっています。それは必然的な表現の一つなのです。そこを裁いて、「あなたの頑固な想いががんを作ったんだから、頑固になるのはやめなさい」と言われてもあまり楽しくありません。

そうではなくて、そのままを丸ごと受け入れてあげて「そこまで頑張ってきたんだね。辛かったんだね。いっぱい一生懸命生きてきた結果なんだね。勲章みたいなものだね」と言われるとどうでしょう。「やっとわかってくれる人に出会えた」。そういう想いの中でふわーっと楽になります。その楽になることが、とてもとても大切なのです。それが癒しの最大の目的です。

これはヒーラーに限ったことではなく、誰にでも当てはまることですが、**どうぞ自分の目の前の人を裁かないでください。どうぞ自分の目の前の人をやっつけないでください。**

人間にはたくさんのフィルターがあります。そのフィルターは実はどれもみなこだわり・とらわれなのです。我執なのです。裁くということも我執なのだということを忘れないでください。

感情もDNAで伝わる

考え方のパターン、エネルギーパターンは継承します。それが先祖からのDNAです。DNAは体の状態だけじゃなくて、感情まで伝えています。

母親や父親と怒り方はそっくりです。あなたの子どもに対する怒り方というのは、間違いなくお母さんとそっくりですよ。そんなふうにして伝わる。感情が激高したりするというのは一種の条件反射じゃないですか。

例えば、あなたが見知らぬ人にいきなり頭をポカンと殴られたら、どんな気分になりますか。最初は何が起きたかわからないけど、次の瞬間に怒りを選択するでしょう。相手がやくざ屋さんとか恐ろしそうな人だったら、恐怖を選択するだろうし、これは条件反射でしょう。

そのときに、どんな状態でも笑っていられますか。いられませんね。これがマインドです。

そして実は、**マインドは、どんな瞬間でも笑っていられるようになることができるんです。**

そこへいざなっていくのが、ヒーリングの役目です。

つまり、人間の感情とかそういうものはDNAからやってくるから、先祖そのものです。先祖そのものの考え方や何かを全部そのまま私たちは引き継いでいるわけです。

感情は、魂からではなくて、マインドから生まれます。見る・聞く・嗅ぐ・触る・味わう、これが三次元の五感です。これに応じて感情がくっついている。

感情と五感の間に感覚がある。かゆいとか、喉が渇いたとかいう感覚がある。体は、そういうふうにできているんです。その感情が、実は体を支配しているんです。

原家族の影響

次に人間関係からの影響があります。

最初の人間関係は両親でしょう。次はきょうだいなんですよ。何番目で生まれた、男・女の比率はどうだった、これは全部影響してくる。

私のカルテには必ず生まれ育った家族構成を書いてもらう。こういう病気を持っているなというのは、見ただけでわかりますよ。

例えば、長女病。3姉妹の長女に、大体3歳以内の年齢差の場合に起こりやすい。年子なんて、最悪に起こる。長女は大変なんです。年子で長女でしょう。ゼロ歳から1歳になろうというときに、子どもがもう1人生まれてくるわけですから、つらいよ。まだおっぱいをもらいたいときなのに、おっぱいが独占されちゃうし、しかも病気だったら、徹底的にかまう。長女はほっとかれるし、お姉ちゃんだから我慢しなさいと言われるので、間違いなく男性化するんです。女性を捨てていくんですね。自分が男だから、女性性の強い男性を求めるんです。そういうふうに夫婦関係もでき上がってくる。さらに女性ばかりだとすると、長女で、跡取りじゃないですか。跡取りのためにとる相手は、本当はこの人は頼れる男性が欲しいんですけど、自分を頼ってくる男性しか来ないんです。

母親が妊娠中にどんな精神状態だったか、小さい頃どんな家庭環境だったか、きょうだい関係などそういったことが、大人になったときの在り方に大きく影響を与えています。

劇症肝炎の男の子

こういうケースがありました。私のところに来た男の子が劇症肝炎になって死にかけた。ピンときたんだけど、何でそうなったのと聞いたら、言い争って、父親のことを殺してやると思うくらい感情が激高した。その瞬間に倒れちゃった。わかりやすいでしょう。怒りは肝臓に来るんですね。だから、年がら年中怒っている人はやっぱり肝機能が弱いですよ。

逆に、不安・心配だけだったら、胃腸が弱いんです。いつも神経質になって、胃にくる。腸内細菌のバランスが悪いと言っていろんなものを飲むよりも、本当はリラックスしたほうが早いんですね。それこそ製薬会社と一緒で、儲けるために、腸内細菌を活性化しますと言って、そういうものを売っていますが、幾ら活性化しても、不安・心配がある人は治らないですよ。

不安・心配・恐怖の最後の恐怖、これが来るとどこに行くか。恐怖を絵に描くと、どういう絵になりますか。ちびまる子ちゃんのザザザーッで、青黒く描きます。腎臓を患うと、青黒くなるんですね。腎臓の弱い人は恐怖心がすごく強いんです。うわわーっという恐怖心を常に感じているわけです。

感情は、表に出しているときは案外大丈夫なんです。内側に秘めたときがヤバい。腎臓というのは、心臓が濁ると腎臓になるでしょう。濁点がついたということなんです。心に濁点がつく、それが「恐怖」です。

起源を理解することで消えていく

こういう人がいました。昔、私のところに来たんだけど、自分はいつも恐怖心にさいなまれる。どんな恐怖心なのかと聞いたら、

「事故でしょうか、おなかがバッと切れて、内臓がビャーッと出てくるような夢を見る。そのたびに飛び起きる」

「あなたはもしかして経理をやってない？」

「やってます。会社で経理です」

「江戸時代もやっていたんだよ。藩の財政を預かっていた。そこで使い込みが発覚して、自分じゃないのに、その帳簿をつけていたというだけで疑われて、切腹になったんだよ」

「そうかもしれない。だから、刃（やいば）が見えたんだ」

自分で刺して、引っ張ったんでしょう。その記憶が過去生からやってくるんですよ。

そういう人はずっと不安で心配です。結局、そのことがわかった瞬間に、そうだったのかと言って、急に楽になっていくんですよ。物事がわかると、すごい勢いで楽になる。わかってもわからなくても受け継がれるけど、わかれば、大したことはないという形になる。それでだんだん消えていくのです。

だから内側に入って思考を客観的に見ることが大切なんです。

宇宙知性とつながる

ヒーリングしているときに、私の頭の中は宇宙知性（スの神、天之御中主神）とつながることしか考えてないんですよ。それがつながった瞬間に光がやってくるのです。ワーッと光で包まれるんです。その瞬間にあらゆるものが癒えていくのです。

体にはいろんな症状が出ている。その症状についてはちゃんと熟知するのです。これをしないとダメだ。例えば、うつのご相談の場合、今はうつの人なんだということは熟知する。次に、その人が健康体になって、喜びにあふれる姿になることだけをイメージする。あとは捨てるんです。これがここからこういうふうに変化していくなんてプロセスを考えていると、このことが残っていっちゃう。その人が笑顔になって、喜びにあふれる姿だけをイメージします。

30分の個人セッションでうつが改善することなんて、ざらですよ。

ヒーリングは誰にでもできるんです。私だけができて、ほかの人にはできないんだというならすごい話ですけど、そんなものはこの世に存在しない。習えばできるんですよ。その中でうまい・下手はある。これはしようがない。何の世界だって、料理だって習えばできるけど、うまい・下手はあるじゃないですか。できるようになるには、一応セミナーを受けていただいて、全体の理屈がわかってくる、それが一番大事です。

悟り／胸がときめく瞬間の連続体

ワンネスを説明する言葉はいっぱいあるけれども、このことがわからないとワンネスにはならないだろうなと思うことがあります。それは、胸がときめく瞬間がどれくらいありますかということです。

例えば、私たちの人生を振り返ったときに、やっぱり恋愛が一番ときめくんじゃないですか。誰でも、胸キュンとなる瞬間。誰に対してもそうなれますか。なれないでしょう。特定の誰かでしょう。それは自分の旦那さんだったり、パートナーだったり、あるいは映画スターだったりするかもしれない。これはマインドなんです。マインドが自分の特性の中で選ぶんですね。自分はこういう顔の人が好きだとか、こういう性格の人が好きだとか、全部マインドです。宇宙知性じゃない。

宇宙知性はたくさんのバリエーションを用意するのです。このバリエーションのすべてが、胸がときめく瞬間になった人のことを悟った人というんです。みんなは、心が平準になって、フワーッとした人のことを悟った人というけど、あれは大違いです。胸キュンの連続なんです。感謝・感激・感動の連続なんです。誰のことを見ても幸せになり、誰のことを思っても我がことのように思える。私とあなたとの間に何もない。全部がこうだと思えたとき、悟りなんですね。

そういうことに気づいてからのヒーリングは全然違うんです。

私の細胞の波動というのがある。誰でもみんな波動を持っています。その波動と向こうの波動が共鳴を起こして、リンクして1つになっていくんです。それが見えるんです。とても心地よくなるんです。胸がキュンとするんですよ。男の人だろうと女の人だろうと、おばあちゃんだろうと若い人だろうと、そんなことは関係ない。とにかくそこにいるすべての人がそうなったとき、その人の全身の病気が消えていきます。

神秘体験／光との合一

実は、２０２０年2月にインドのアバンダンスフェスティバルに行ったときに神秘体験をしました。

毎日、午前中に講義があり、午後から「エイカム」です。

エイカムの意味は、「あなたはわたし、わたしはあなた」。もっと言えば、創造主の中に私たちはいて、私たちの中に創造主がいる、つまりみんな一つだという意味なんですね。そのエイカムという名前のついたお城みたいなところで、プロセスを受けました（39P写真参照）。

プロセスの最中に、いわゆるヒランニャガルバ、創造主ですね。ゴールデンオーヴとも言います。それを入れる儀式があったんです。

そしたらいきなり、頭頂のチャクラがメキメキって言ったんですよ。

私は、三次元の現実レベルのことをしっかりとらえたいと思っているので、その「メキメキッ」という音に、「なんか頭蓋骨に何かがきたぞ」って思ったんです。そしたらね、明るい光がずっと入ってきて、脳の中心部分、そこを向こうではグランマガルバというのですが、そこで光が止まったのです。「いや、やばいな」と思っていたら、すっと光が降りてきて今度は喉に降りてきました。喉でとまった光はヒューと大きくなった。そうしたら喉が本当に膨れて痛いんです。なんか急にがんができたんじゃないかと思うくらい膨れて、ちょっと恐怖心さえ感じました。

さらにその光は下がっていき、ハートチャクラでとまって、大きく身体全体に広がったんです。そして今はハートセンターでとまっています。だから今もハートセンターに光があります。

導火線になるなら、一切疑わないこと

最近あったことです。初めての人が個人セッションに入ってきました。

「とにかくおなかの調子がずっと悪くて、いつもぐずっている。それから、足の親指を骨折して歩けない」

足を引きずって、杖をついて来たんです。心の問題を聞きたかったけど、痛みがあるということで、痛みから先に取りましょうとやったら、終わった直後に、私をじっと見るわけですよ。

「どうしました？」

「何したんですか。痛くないんですけど」。そう言って、普通に歩いているんですよ。さわりもしないんです。バキバキッとやったわけじゃない。

「ウソでしょう。何これ！　ここは魔法使いがいるところなの？」とずっと騒いでいました。魔法でも何でもないんですよ。私がやったことは、宇宙知性とその人をつな

げただけですから。その導火線になっただけです。

どうしてそういう導火線になれるのかというと、疑わないことです。完璧に。今、ここにいるそのすべてをです。今、この瞬間以外に時間はなくて、「今」というこのときがずっと続いて、永遠につながる今なんだということ。

今の状態が不安なら、それはダメですよ。不安というのは、今じゃないんです。将来を考えるから、不安なんです。不安・心配・恐怖というのは、ありもしない現実をつくり上げて恐怖しているわけです。逆に、怒りとか悲しみとかいうのは、終わった現実を見て、泣いたり怒ったりしているわけです。

例えば、足を踏まれます。踏まれたのは事実だけど、痛みは後から来るじゃないですか。過去じゃないですか。みんな、大体、過去のことで怒っているんですよ。だから、常に今というところにいると、意識はいつも幸せなところにいられるのです。その状態をつくり出していけばいい。

とにかく、ヒーリングセッションに来た人に対しては強制的に、相手の意識がどうであれ、私を通して宇宙知性と一体化します。そうすることで、すべての病気は癒されます。本当に。

疑い深い人は症状がまた戻りますよ。わざわざ疑っていくから。戻ったりするのは全部マインドです。刻一刻と変化しているわけだから、同じものは一つもないわけで、戻ることもある。戻らないこともある。

それを固定化するには、ディクシャがいい。戻らないようにするためには、ディクシャが有効です。

脳のエネルギー的手術／ワンネスディクシャ

伝統的なディクシャとは、ヒンドゥー語で「シャクティパッド」と言われるマスターが弟子に悟りを授ける儀式のことですが、私が言うディクシャとは、聖者シュリ・バガヴァンが、人々を苦しみから解放するために始めたエネルギー伝授「ワンネスディクシャ」のことを指します。

ワンネスディクシャは伝統的なシャクティパッドとは違い、脳をマインドから解放するために、バガヴァンによって新たに降ろされたものです。私は2004年9月にバガヴァンの元で、この意識を解放するワンネスディクシャのエネルギーを授かりました。

なぜワンネスディクシャがいいかというと、エネルギーで行う脳の手術だからです。こだわり・とらわれからの解放が起こります。

シュリ・バガヴァンはこう言っています。

「その概念の強さというのは、実は脳の設計ミスだ。それは直さなきゃダメだ。車をリコールに出すように、修理しなきゃいけない。どんなに修行しても、それが直ることはない」

バガヴァンは、今までの中で本当に悟った人は、お釈迦さんとイエス・キリストのような人たちが何人かいるだけだと言っています。こういう人たちはそういう役割としてやってきた。えらく高いところからすっとおりてきて、みんなを導くためにやってきた人たちだから、そこに行きやすかった。ここの次元から生まれて、この次元で生活している人たちは、脳の欠陥を持っているので、悟れない。悟りのプロセスには、神経生理学的な転換が必要で、これは脳や神経系統に関わる問題だと言い、それをエネルギーによって手術するのがワンネスディクシャなのです。

実際に本当に手術されるという感じですよ。

この間、インドから帰ってきた人が、「家に帰ってきたら、体中疲れちゃって、自分がどこにいるのかもわからなくなったし、思考もついていかないし、ボーッとしているんです。何かやっても、全部物忘れしちゃって、わからない。なんででしょうか?」と言うから、「間違いなくワンネスのエネルギーあたりだよ」と言いました。

私もそうでしたから。私は、2005年にバガヴァンからディクシャを受けてインドから帰ってきたら、ぶっ壊れっぱなしでした。自分の名前も忘れちゃった。名前を思い出すのに必死でした。自分の名前を忘れたなんて、誰にも言えないじゃないですか。もっと困ったのは、私だけじゃない、子どもの名前も忘れたし、かみさんの名前も忘れた。

その後バーンとわかったときから、やたら脳が聡明になったんですよ。マインドのこだわりがどんどん減ってきた。マインドは修復する力も強いので、ディクシャは何度も受け続けるほうがいいです。私の場合は、どれだけの人にディクシャをしたかわかりませんが、今、15年たっていますから、もう手術は終わったんじゃないか。だって、一日中幸せだから。幸せでない瞬間を探しても、ない。ないんですよ。15年前の自分がどうだったか、考えることもできないくらい変化しました。

怒りっぽさは変わらないんですよ。涙もろいのも変わらないし、不安・心配になることもあるんだけど、瞬間に流れていくだけです。それはマインドのクセだから、みんな流れていくんです。捕まえなきゃいい。捕まえたいものはそんなものじゃないでしょう。絶対違うはずですよ。ということに気づき始めると、早い。

気づかない人たちは、「そう言ったって、あれは許せないでしょう」とか、「こうあるべきでしょう」とか、そんなところにばかりとらわれちゃうわけです。本当はそんなことはどうだっていいんですよ。与えられた状態の中で元気に生きる方法はないかと探すほうがずっと大事ですよ。

今という瞬間を楽しく生きるために、生きている。

そういうことがわかってくると、すごく簡単なんです。

生きる力を取り戻した女性

例えば、この人は有名になった人ですけど、私のところに来て泣いているから、「どうしたの？」と言ったら、「自分の子どもが、高校生だったんだけど、死んでしまった。私の不注意で死んだんだ」。病気で死んだんだから、不注意なんてことはないけど、もっと早く気づいてあげれば助かったかもしれないとか、すごい後悔なんですね。「主人も、おまえがちゃんと見なかったからだと私を責めるし、自分としては本当につらいんです」と。

そばにいてあげることが一番大事ですね。でも、個人セッションは30分しかないんです。私は、それに対しては同じ思いを感じます。

「そうだよね、つらいよね。でも、亡くなった息子さんは、そういう状態にお母さんがいることを楽しいと思うかな。それよりも、早く立ち直って、元気に生きてほしいと思うかな。どっちだろう。やっぱり元気に生きててほしいよね」

「でも、もう元気になりようがない」と言うから、

「何か好きなことをしたら？　気分転換に、思いっきり好きなことをしなさいよ」と言ったわけです。

「好きなことなんか、何も見つからない」と言うから、

「子どものころは何しているのが好きだった？　おカネ儲けにつながるとか、おカネが稼げないことを好きなことと言ってもしようがないと思っているだろうから、そんなものはみんな捨てて、本当にしたいことだけ、考えてごらん」

「うーん、わかんないけど、歌うことかな」

「それだ。じゃ、歌いなよ」

「えーっ、今さら？」

「歌うんだよ。有名になろうとか、おカネが儲かるとか、そんなものは全部捨てて、ただ歌えばいいよ。やってごらん。どのジャンルが好きなの？」

「私は昔、シャンソン歌手になろうと思ったことがある」

「えーっ、シャンソン、いいな。じゃ、シャンソンを本格的に習ったら」

それで彼女は習い始めた。それが、全日本のコンクールで歌唱大賞を取っちゃった

んです。今では、シャンソン歌手として活躍しています。

人間は意識によって生きている

ある人は、何をしていいかわからないと言って来たんです。

「今、会社で事務をやっているけど、すごくつまらないし、自分の人生はこれで終わりなのかと思ったら、悲しくなっちゃう。自分としてはいろんなことをしたいんだけど」

「いろんなことをすればいいじゃない。じゃ、事務以外に何をやっているの？」

「ちょっとですけど、ネットワークビジネスをやっている」

「それは好きなの？」

「そこで売っているものが好きなんです」

「だったら、少しずつでもいいから、それを広げていくようにしてみたら」

「もうやめようと思っているんですよ。どうせ私は才能がないから」と言っていたんだけど、「やってごらん。とにかくあなたが好きだという気持ちだけでやってごらん。売ろうとしないで」。それでやり始めた。

3回くらい来て、スパッと来なくて20年たつんですが、この間会ったら、そのネットワークビジネスでトップになっていた。すごい年収を稼いで、もう引退したんですって。引退したけど、収入だけは入ってくる。一番いいですね。今は海外で暮らしているそうです。すごいでしょう。

だから、きっかけさえあれば、人間なんてどこまででも伸びるんだ。才能じゃない。楽しく楽しくやっていれば。そう思うんですよ。

それと同じで、病気も、死んじゃうんじゃないかとか、この病気でどうにかなっちゃうんじゃないかとか、仕事がなくなっちゃうんじゃないかとか、こういう不安を全部消してやれば、まず第1段階はクリアですよ。

玄米菜食は体にいいんですけど、玄米菜食を食べなければいけないと考えると体に悪いのです。そうすると、玄米を食べている人たちの顔は黒くなってくる。恐怖心なんです。食べなければいけないと。

長い目で見たらどうなるかわからないけど、ファーストフードのハンバーガーかなんかを食べて、体に悪いというフライドポテトをガバガバ食べている人たちのほうが元気だったりするんだ。それは、**人間は食べ物によってできているんじゃなくて、意識によってできている**から。意識が喜びにあふれているときは元気なんですよ。

無限の自然治癒力を引き出す

がんになって余命宣告された人がいました。

あと６カ月間生きられると聞いて、「６カ月もまだあるよ。その間、何をするかな」と考えました。ちょうど１００日間世界一周とかいうのがあったから、「船旅を楽しもう。６カ月あるんだ。十分に間に合うから」と言って船に乗り、１００日たっておりてきた。楽しいことをいっぱいやってきて、病院に行ったら、がんが消えていたという有名な話があります。人間の持っている自然治癒力というのは無限なんですね。

私が遭遇したこんなケースもあります。

染色体異常の女の子がいた。お父さんは、形成外科の大きな病院の院長先生なんですけど、形成外科の先生だから、自分の子どもの染色体異常を知られたくないし、普通の医者には見せられないので、私のところに連れてきたんです。どうせダメだからという発想ですよ。医学的には治らないし、早死にする。

その子をヒーリングしたら、お父さんの不安が消えたんですよ。「これで自分はこの子に対してベストのことをやっている。もう医学的にはダメだから、医者じゃないところにも連れていってやることができた」ということで、子どもに対する接し方が変わるじゃないですか。その波動が子どもにいい影響を与える。そうすると、子どもの中で不思議なことが起きる。染色体異常で小学校に上がるまで生きられないというのが、20歳を迎えてまだ生きているわけです。

スキンシップがもたらすもの

今、うつ病がすごく多いですけど、うつ病は不安・心配・恐怖の表現の一つです。

社会に受け入れられていないとか、自分は社会のスピードについていってないとか、そんなことが原因になるわけです。

人間の一番基本にあるものは、「愛されたい・褒められたい・認められたい」だから、愛されて、褒められて、認められている人はうつ病にならないんです。心から愛してあげることしかないんです。うつ病に一番効くのはスキンシップなんです。手を握ってあげるだけでも全然違います。最近では、触れ合うとオキシトシンという脳内物質がでて自然治癒力が増え、若返ると言われています。

認知症も同じですね。何にも食べられなくてぼーっとしているおばあちゃんに、「おばあちゃん、食べよう」と言っても食べないけど、手を握って「一緒に食べよう」と言うと、食べるんですよ。

人間は、つながりが感じられなくなると、うつにもなるし、認知症にもなるのです。

リウマチ／感情の我慢

今までで一人だけ、私が怒った人がいました。

そのおばあちゃんの場合は、怒ったほうがいい人だった。もうひどかったんだ。悪口雑言の限り。すべての人に対して悪口を言う。

「おばあちゃん、どうしてそんなにひねくれちゃったの？」と言ったら、

「私はどうせひねくれ者だよ」と。

「でも、おばあちゃん、どうせ生きているんだから、幸せになったほうがいいよ」

「私は幸せなんて絶対なれないよ。こんな悪いやつが周りにいるんだから。私がどれだけみじめな思いをしているか、あんたにわかるわけないでしょ」と騒いでいる。

「ああ、死にたい、ああ、死にたい。早く殺して。あんた、私を殺してくれないの？」

「おばあちゃんを殺したら、俺、殺人犯だよ。おばあちゃんを殺して殺人犯になりたくないから、殺さないよ。ちゃんと自分で死になさい。早く死んだほうが世の中のた

めになるよ」と言った。ほんとに突き放したことが一度だけありました。

お嫁さんが一から十まで一生懸命尽くして、夫は単身赴任でいないから、ずっとお義母さんの面倒を見ているのに、「ご飯を私のためにはつくってくれない」とか、「みんなが食べた残り物を食わせている」とか。そんなことをするお嫁さんじゃないのに、そんなふうにしか言わない。「もうちょっと人のありがたさをわかりなさいよ」と言ったけど、その人にだけはその言葉が通じなかった。

でも、死ぬ間際にお嫁さんの手を握って、「ほんとに世話になったね。ありがとう」と言ってくれたそうです。全身リウマチで痛かったから、そういう言葉になったんだろうけど、あんなに悪口雑言ついた人は今まで一人もいなかった。でも、人って、そこまで行くんですよ。感情を我慢するとリウマチになるんです。

感情の我慢の癖というのは親からもらうから、親もリウマチというケースが多い。

他にも、高血圧も家系からきている場合が多いです。その昔、両親のどっちかの家系に、血圧が上がる、感情を激高させるところがあったんだと思います。感情は、激高するとカーッと上がるからね。それがずっと続いている家だと思う。

遺伝というのは、感情の遺伝だから、遺伝のラインは気づきさえすれば断ち切れるんですよ。

その感情や反応パターンを自分のものだと思うから、気づけないんですよ。自分のものじゃないというところで、感情と自分の間に距離をつくる。そこに気づくための一つのポイントとして、家系という視点を出しています。言葉で言えばそういうことなんだけど、それがすごく大事なんです。

友達に包丁をつきつけた我が子

これは私の著書『そのまんまでオッケー！』でも紹介したすごく印象に残っている話です。

私のヒーリングを受けに来たお母さんが、突然夕方にまた戻ってきて、泣いていたんですよ。

「どうしたの？」

「うちの子が同級生を包丁でおどかしたそうです」

「それで、その子はどうしたの？」

「怖がって、親を連れてうちに抗議に来たの」

「あなたはどうしたの？」

「うちの子を叱って、置いてきました」と言うから、

「それはダメだよ。すぐ連れておいで」と、連れてこさせたんです。

私がその子に「よかったな」というと、「えっ」とびっくりした。怒られると思って神妙な顔をして来たわけですよ。

「よかったじゃん。あんたが未成年でよかったよ。あんたが大人だったら、今ごろ警察沙汰だよ。よかったな、未成年で。でも、そうしたくなるくらい、腹が立ったんだろう。その気持ちはわかるよ」と言ったら、ウエーッンと泣き出した。

「泣きたいときは泣きなさい。ただね、今日はやらなきゃいけないことがある。あなたは未成年だったから救われたけど、やったことには結果がつくから、その子の家にお母さんにも一緒に行ってもらうから、ごめんなさいだけはしていらっしゃい。帰ってきたら、今日はお母さんにしがみついて寝るんだよ。お母さんも許してあげてね」

「わかりました」

翌朝、連絡が来て、「すごく元気になって学校に行きました」と。全部やり切ったからね。ヒーリングはそういうことなんですよ。とにかく、裁かないということなんだ。やったこと（原因）については、結果が伴うから、それは処理するけど、**基本的に自分をいじめない、相手もいじめない。愛して、褒めて、認める、これしかない。**

どうしても長女を愛せない母

もう一つ、こんな話もありました。あるお母さんが私のところに来て、

「うちは二人娘なんです。下の子はほんとにかわいくて、私の言うことを何でも聞いてくれるんです。前世は恋人だったんじゃないかなというくらい、気持ちよくつき合っているんですけど、上の子は全く逆で、私のイヤなところばかり似てて、正直言って顔を見るだけでイラッとするんですよ」

「お母さん、両方、あなたの子だよ。その子は、お母さんに愛されたくて反発してい

るだけだから、もうちょっと愛してあげたら？　お母さんの笑顔で愛しているよと抱きしめたら、それですべてはうまくいくよ」と言ったんです。そしたら、

「そんなに私は愛してなかったんですか」

「そうじゃない。あなたを責めているんじゃない。あなたは一生懸命だった。でも、二人のうち、一人をかまう時間のほうが長かったということだよ。これからはなるべく平等になるように神経を配ったらいい。それだけのことだよ。あなたが悪いわけじゃないから、自分を責めないでね」と帰したんです。

そしたら、翌朝また連絡が来た。あのあと家に帰って玄関をガラッとあけたときに、廊下の隅にその子がいたらしいのね。たまたま通りかかった。パッとママの顔を見て、目と目が合ったんでしょう。その瞬間に「ママーっ」と飛んできて、二人で抱きしめ合って泣き出した。「おかげさまで仲直りしました」「よかったね」と言ったんですけど、そういうことは山のようにあります。

病気が消える話もいっぱいある。それも日常茶飯事で、私にしてみれば不思議でも何でもない。簡単に消えちゃうからね。そのくらい意識と体の関係は密接なんです。「愛しているよ」と言われたら、誰だって、ニヤッとなるじゃないですか。私は意識

の中にそれしかない。誰のことも同じです。若かろうと年寄りだろうと、同じです。

「愛している」という想いには、ものすごいパワーがあるのです。

人間は、愛されるとすごい力になる。

だから、愛することです。自分も人を愛することです。子どもでもいい、親でもいい、夫でもいい、誰でもいい、とにかく「愛しているよ」と。とても幸せじゃないですか。

実は、愛されること以上に幸せなのは、「愛しているよ」と自分が発しているときです。

この宇宙全部が愛なんだ。その愛の波動がずっと流れているのに、マインドが拒否しているんですよ。だから、冷める。自分の内側が冷え冷えする。

宇宙中にある愛をこのままリラックスして受けとめると、幸せな気持ちしかなくなってしまうのです。

実験！　愛と意図のパワー

〈① 愛される力・愛する力〉
いまから身体（からだ）を押すから、
倒れないように踏んばって
ハイ！
担当編集者
ケビン
ぐっ
わっ！
ぐらっ
……まぁ、こんなものでしょう。
じゃあ、こんどは、
押されたときに〝愛してるよ〟と言ってみて
ハイ……
ほら、ぜんぜん違うでしょう？
！
愛してるよ
ピシッ
ハイ！

〈② 愛のパンチ〉
じゃあ、私の手を、思いきり殴ってごらん。
ハイ……
ハハハ、まぁ こんなものだよね。
ポカ
えい!
じゃあ、こんどは〝愛してるよ〟と思って、殴ってごらん。
痛っ!
わっ
バチッ
愛してるよ
ねっ
これだけ強くなるんです。
わぁ〜〜!すごい!!

〈③ 意図の力〉

今から
腕を折り曲げるから、
がんばって
まっすぐに保ってね！
ハイ……
……曲がっちゃうよね、
どうしても。
ぐにゃ
〜〜
じゃあ、
こんどは自分の腕が、
〝消防ホース〟だと
思ってごらん。
真っすぐ、
シャーッと伸びた、
ホースをイメージして……
ハ、ハイ……
ほら！
曲がらないでしょう!?
わぁ〜〜！
すごい!!

遠隔ヒーリング／時間はない

私は遠隔ヒーリングでたくさんの人の状況を変化させます。電波というのはどこでも通っているじゃないですか。それと同じなんです。人間の念波というのは、1秒間にアンドロメダ星雲にまで届くと言われるくらい通常の電波よりも速いんです。

遠隔で送る波動というのは、私のものではなくて、宇宙の中心から届いているものですからそれはそれは強いです。一瞬にしてみなさんのところに届いています。

時空は関係ないです。時間というのは、人間が勝手に作り出しているもので、宇宙に時間はありません。過去にも行けるし未来にも行ける。そのすべてを包括した「今」にいるんです。

時間は、過去から未来に直線上に羅列して並んでいるのではなくて、実は縦に全部重なってあるんです。「今」という瞬間の縦軸に全部そろっているんです。

私たちの祈りにはいいも悪いもあって、しかも自分本位の祈りになってしまっている場合もあります。しかし宇宙波動にはそれはまったくありません。誰にでもみな平等に届きます。

人はみな、愛されたい、褒められたい、認められたい

「愛されたい・褒められたい・認められたい」は、人間が持っている欲求の一番底辺にあるんです。ヒーリングは、愛して・褒めて・認めて、そこから外しちゃダメだ。それを満たしてあげることがすべてなんです。そこをいつも大事にしてあげると、ヒーリングというのはうまくいくんですよ。

サイキックな能力で治すんだというヒーラーがいたとしても、それはそれでいいんですよ。でも、私が言っているのは、特殊能力なんか要らない。ただ愛すればいいんです。ただ認めてあげたらいい。褒めてあげたらいいんですよ。

なぜブッダがみんなに愛されているかわかりますか？　ブッダの本はお経になっていますが、決して人をけなしてないんです。決して人を批判していないんです。決し

て悪いところを指摘したりしないんです。その人をこよなく愛しているよと言っているんです。そして認めて、あるがままでいいと言い続けているのがブッダですよ。全面的な肯定しかないんです。

人はやりたいことをやりなさい。想いをそのまま肯定すればいいし、あるがままでいいと思います。

逆に言えば、あらゆる感情は味わえばいいんです。肉体を持ってせっかくきたんだから、味わえばいいんですよ。

ヒーリングは病治しではなく、体験を想いの部分でサポートしていき、喜びに変えていくものです。

すべての原点は喜びであり、味わい尽くせばすべてのものが喜びなのです。

理屈を超えて感覚ですべてを体験していくと永遠の生を感じることができるでしょうし、この宇宙には「今」という瞬間があるだけで、連続しているように錯覚していることに気づいていくことでしょう。はじめもなく終わりもない世界に気づいていけたら最高ですね。

うちの子は小さいときからものづくりが好きでね。きっかけは簡単なんです。2歳のころ、紙をはさみで切ろうとしたら、おばあちゃんが「危ない」と言ったんです。私は「いいよ、使って。ただ、切れるから、手があたらないように使おうね」と言って、使い方だけを教えてほったらかしていたら、ジャキジャキ切って、テープを上手に使ってくっつけて、えたいのしれないものをつくったわけですよ。「すごい！　君は天才か」と褒めたら、にこっと笑ったわけです。

今はデザイナーです。いまだにものづくりを一生懸命やっています。クリエイターとしてユニークな才能を持っているということで最近評判なんです。愛されて・褒められて・認められると、人って、ここまで育つんですよ。先程紹介したシャンソンで日本一になった人も、褒めることからスタートした。何歳からだって構わない。

人生哲学とヒーリングはイコールなんです。

その人が自由にやりたいことがやれる、そういう世界がワンネスの世界なんだ。ワンネスというのは、こうあらねばならない世界じゃない。まして、人のまねをして生きることでもない。お互いの個性をみんなで認め合う、みんなで手をつないで生きていくということ。自由にやりたいことがやれる。そこに導いてあげることが、私のヒーリングなんです。

愛して、褒めて、認めて、待つ。それ以上に大事なことはないのですよ。

Q&A 3 意識の羊水が汚れている⁉

質問者C　子どもが小さいころ、アトピーでひどかったんです。当時、あるヒーラーさんに見てもらったら、あなたと旦那さんの仲の悪さから出ているよと言われたんです。それで自分を責めるほうに行ってしまってつらかったです。

ケビン　そういう要因もある。確かに不仲だとすると、羊水が汚れている可能性もあるわけです。意識の羊水が汚れちゃうわけですよ。何か添加物で汚すんじゃなくて、意識で汚すんだ。みんな、そこを勘違いしているんだ。添加物はいけないという言葉が、羊水を汚すんです。食べないほうがいい。食べないでいられるなら、それがいいでしょう。でも、食べないでいられないんだったら、食べるときは楽しく食べる。というふうにスパッと割り切っていれば、羊水は汚れない。

それはあなたのせいじゃない。あなたのお母さんのせいでもあるし、その前のお母さん、そのまた前のお母さんのせいでもある。そうやってずっといくと、神様が悪いということになるわけです。つまり、この世界をつくった宇宙の知性が悪いんだということにまでつながるでしょう。だけど、宇宙知性も悪くないんですよ。それを体験したいと言うから、体験させているだけだから。宇宙知性は、すべてのことを自由に体験させる。なぜだと思いますか。

永遠性の中で、あらゆる体験は必要必然

例えば、人が病気になる、それには原因と結果の法則が働いているのです。それは今生におけるものもありますが、過去生での原因と結果の法則ということも考えられます。私たちは「いい・悪い」「正しい・間違っている」という裁きの中で、がんになったと言いますが、そうではなくて、とてもすばらしく大事な体験なのではないで

しょうか。つまりがんになることが恩寵（おんちょう）でしょう。短いスパンでものを考えるよりは永遠性の中でものを考えると、あらゆる体験は必要必然で起きているのです。その必要必然で起きているすべての出来事をそのまま受容していく、そういう発想になってはじめて何の不安も心配も恐怖もない世界が現れてくるのです。

病気は悪者ではない

この世界はすべて想念波動でできています。想いがすべてを作り出しているのです。だから、自らの想いが変われば創造するものが変わります。

病気は意識とマインドが変わるとなくなるのです。病気に対するとらえ方、意識の仕方が変わったとき、あなたの人生の色が変わるということです。

ヒーリングは想いを変える強力なツールなのです。

不安、心配、恐怖、嫉妬、憎しみ、苦しみからの解放は内なる平和と至福をもたらします。あるがままを認め委ねることが上手になると、人生は毎瞬、喜びにあふれたものになるでしょう。言い換えれば、病気になることは非常に大切な体験で、その体験を契機に何かをあきらめて委ねることが上手になるというポイントであったり、その体験が人生における折り返し地点であったりするわけです。すべて必要必然です。

どんな病気も決して悪者ではありません。

病名も概念です。病名によってその人がどういう人なのかなどと誰も決めつけられたくないし、病気によって人を簡単に括れるものではありません。

Yさん　先生、お願いします。
ケビン　ここには先生はいないよ。ケビンでいいんですよ。
Yさん　あ、はい、ケビン。実はもうずっとリンパが腫れてしまっていて……。抗生剤も効かなくて、精密検査をしたらがんではなかったのですが、１週間前から微熱がでているんです。
ケビン　はい。わかりました。横になってください。これはね、Ｙさんはね、敏感すぎるんだよ。すごいもん。ほら、オーラの辺りがぐーっとなってる。ここに細菌たちがいるんだけど、それがすごく緊張してるんだよ。
Yさん　細菌が宙に浮いているんですか？

ケビン　いますよ。オーラを作っているのは細菌類だよ。細菌の種類が違うと色が変わるんです。最近のバイオの研究でようやくそこがわかってきた。
その細菌類と会話しながらやってるんですよ。いろんなこと教えてくれますよ。ある人のときなんて、「この頃、お酒を飲みすぎ」って、細菌が教えてくれましたよ。細菌だって笑うしね。
一同　え～！？
ケビン　人間と一緒ですよ。細菌類が一番好きな響きが、528です。528ヘルツを細菌にきかせると、とっても楽にみんな踊りだすんですよ。「ありがとう」という言霊、感謝とかも好きですね。
よしよし、やっとゆるんできた。身体が楽になってきたでしょ。はい、ＯＫです。

Kさん　私は、今もアトピーで、小さい頃からぜんそく持ちなんです。
ケビン　あなたは慢性的にずっと父親コンプレックスというのがあるんですね。
Kさん　はい、あります。
ケビン　小さい頃からあまり抱っこしてもらえなかった。
Kさん　ないです。母親もしなかった。
ケビン　それがいろんなところにでてくるんですね。後ろ向いてください。シュッ。はいうつぶせです。こういう人こそ私が一番癒したい人です。片親っていうのは寂しいんだよ。ぜんそくはね、基本的に「愛されたい、褒められたい、認められたい」と思っているのに、それをしてもらえないときになる病気なんです。
Kさん　わかります。その通りです。子どものときずっとそうでした。
ケビン　ね。大丈夫だからね。ん～、あなたは芸術センスがあるね。すごい芸術センスある。いや、面白い、面白い。芸術センス抜群だ！
では最後に、私と目を合わせます。（およそ10秒）はい、おしまいです。
Kさん　うわぁ、視界がクリアに見える。すごいです。
ケビン　でしょ、全然違うでしょ。私が吉沢亮に見えるでしょ。
Kさん　ほんとだ、素敵～（笑）
スタッフ　それは相当ヤバイですね。
全員　わっはっはっ～（爆笑）。

ケビンのヒーリングの会 リポート

in
いやしの村東京

この日は、いやしの村東京のサロンでケビンのヒーリングの会。たくさんのお客様が集まってにぎやかです。大家族のような雰囲気の中、一対一のヒーリングが始まりました。

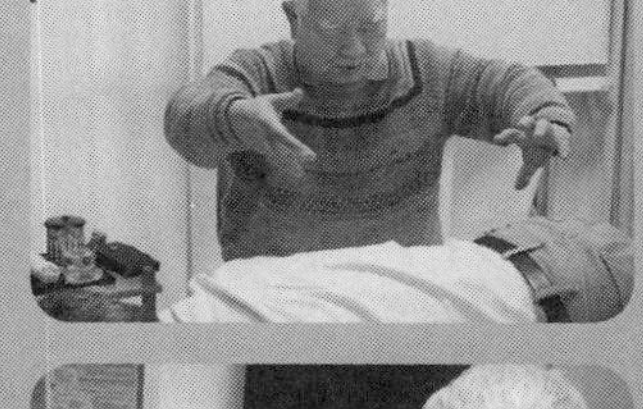

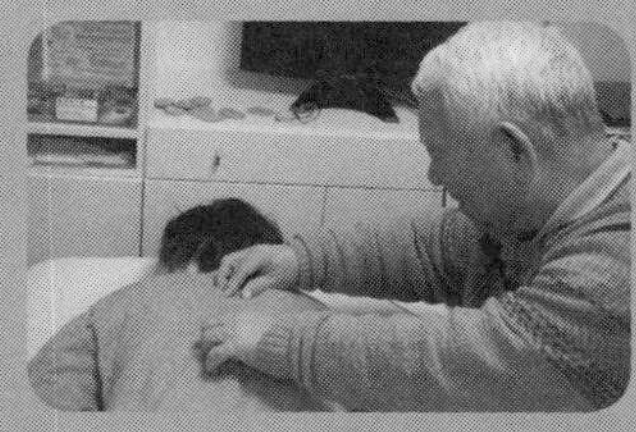

Sさん　ケビン、交通事故で追突されてから、自分でも骨がずれているって感覚があるんです。今日はコルセットを着けてきました。

ケビン　はい、大丈夫ですよ。

うつ伏せで横になってください。

こうやってさすってるだけで、痛みの大半は消えちゃうんです。

骨もあっという間に正常な位置にはいっちゃう。整体にいくとバキバキやってるじゃないですか。あんなことしなくていいんです。かわいそうなんです。

骨はね、ちゃんと自分の意思を持っているんですよ。細胞の一つひとつもちゃんと意思を持っているんです。正常に戻りたくてしょうがない。そのきっかけを与えるだけです。骨は意識にすごく反応する。

（空中で手を動かすケビン）

――**シューシュッシュッシュッ**

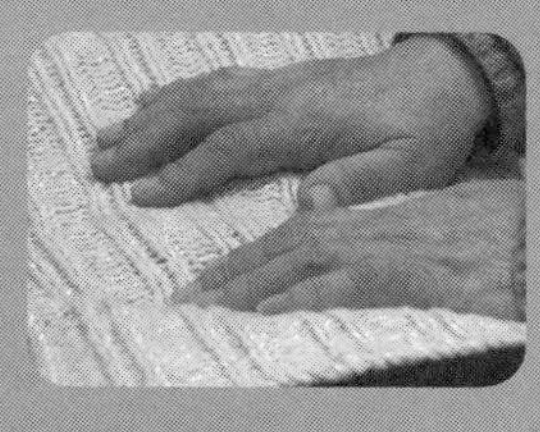

ケビン　この手をずっと置いていると、温かいでしょ。なんて温かいんだってよく言われますけど、これ50℃なんですよ。でも火傷しない50℃。だから信じられないくらい温かいの。
これはね、私の意識で温度調節が可能なんです。不思議でしょ。症状によって、気の温度を変化させていってます。

こうしてしばらくヒーリングは続き……

はい、おしまいです。歩いてみてください。

Sさん　（立ち上がって歩きながら）
わぁ、あら、痛くない！　ああ、よかった〜！

次々にヒーリング希望者がケビンの前に座ります。笑いあり、涙あり、人生相談あり。そしてシュシュシュシュシュっと宙を切る音。この日、ケビンのヒーリングはたっぷり３時間続いたのでした。

第4章

マインドからの飛翔

マインドの呪縛から離れる

シュリ・バガヴァンはこう言いました。

「悟りとはマインドの呪縛から離れ、自分が何者であるかに気づくこと」

本書では、あなたの想いも感情も実はあなたのものではないとお伝えしています。それらすべては、人類の集合意識のマインドにすぎません。私たちは集合意識のヘドロの中にいるのです。それを自分のものだと思って他人も自分も裁くのです。そして感情や思考のカスがたまって病気を作り出しています。

悟りとはこのマインドの呪縛から離れ、自分が何者であるかに気づくことです。そして、五感を使って自由にこの世界を楽しむことです。

ではどのようにすれば、マインドの呪縛から自由になることができるのでしょうか。

川の流れを静かに観察する

私たちは、無意識に選んでいた感情、無意識に選んでいた価値観、無意識に選んでいたことから外れていくことができます。

そこをちゃんと意識的に観ればいい。観ることがとても大事なことです。**観るというのは観察するということです。自分のマインドを観察するんです。**

マインドは、あなたが考えているのではなくて、川の流れのようなものだから川上から流れてくる。その川の流れの中でみんな押し潰されているわけです。それをやめて、川のほとりに座って見ていればいいんです。川はただ流れていくだけですから。

何か一言思えば、頭の中でいっぱいの戯れ言を言っています。これにのまれてしまうと、苦しみしかやってこない。例えば楽しいことがちょっとあったとしても、長続きしない。どんな瞬間でも、楽しい瞬間が続くのは、その川の流れの中に入っていかないからです。

それをやめようとか、捨てようとか、手放そうという人もいますが、それは無理です。手放すことも、やめることも、捨てることもできません。自然に、ただ見ていればいいんです。静かに観察するということ。

みんな瞑想しているのは、自分の考えを観察しているのです。何も考えない、というのは、無理ですよ。何も考えないことを考えている。考えを観察すればいい。考えに引っ張っていかれないように、ただ見ていればいい。そのうち、考えがグーッと少なくなって、静かになってくると、いよいよリミットレス、無限に入ってくる。

これは誰にでもできます。瞑想の先生に習わないとできないものではありません。瞑想に先生なんかない。ほんとに誰だってできる。

考えはなくならないです。考えと自分は違うというところに立って、そしてそれを観察している。最初はとらわれてしまったとしても、それがマインドだから。１００％マインドだから、だんだんできるようになります。

簡単に言って、あなたなんて存在しないということですよ。存在しているという幻想を持っているだけです。

あるのは、根源の生命、宇宙知性だけです。それしかないんです。マインドによって完全に隔離されているだけだから。マインドをどうにかしようとすると、マインドのドツボにはまるんです。何とかしようとはしないこと、そっとしておくの。ただただ観察していてください。

どういうことかというと、例えば、夫婦で言い争いになることはないですか。「私はこうだと思っている」と言ったら、「いや、そうじゃない」と言われたとする。これがマインドなんです。マインドとマインドのぶつかり合いなんです。そこで、相手が言っていることを黙って聞いていればいい。自分の思いも黙って見ていればいい。そうすると、ああ、これはマインドが、意見を言っているんじゃなくて条件反射しているんだというのが見えてくるんですよ。言われたことに対して、バーンと打ち返しているんだというのがよくわかるわけです。それをずっと見ているうちに、おさまっちゃいますよ。それが、手出しをすると大変なことになる。

ある夫婦の話ですけれども、奥様が所属しているグループがあって、そこで意見をいろいろ言われて、奥様は頭にきちゃったんですね。「冗談じゃないわ。ほんとにふざけている。こんなんだったら、もうやめようかしら」と言ったんですよ。夫は聞いていたから、口出ししちゃった。「そんなんだったら、やめたらいいじゃないか」と言ったら、「あんたに何がわかるのよ」（笑）。彼女は愚痴を言いたかっただけで、愚痴を言う相手として夫を選んだだけ。夫は愚痴を解決しようとした。これがマインドに絡まれてしまうということなんです。

マインドは解決しません。そういうときは黙って聞いていれば、おのずからおさまっていくんです。

マインドの世界は幻想空間

私たちができることはたった一つです。内側を平和にすることです。平和にして、絡めとっていくマインドの動きに対して、絶対に逆らわないということです。見ていればいいんです。平和で美しい心を持っていたら、必ず宇宙知性が働いてくれます。そしてあなたも、周囲も国も、世界も救われます。

みなさんが思っている以上に、事態は深刻です。しかし、どんなに深刻でも、それはマインドの世界だから、幻想空間なんですよ。心配しなくていい。あなたが死ぬことはない。永遠にない。そこだけは忘れないでください。

この世の仕組みがわかってしまえば、何もあくせくする必要もないし、慌てる必要もないし、そのままでいいのにねということにつながるわけです。

だから私は、どんな状況でも笑顔しかありません。

ある人が私に「修行しなければその境地にいけないですか」と聞いてきました。

そうではありません。修行じゃないんだ。内側の宇宙知性とつながっていると、おのずから楽になりますし、ディクシャは、脳を壊しているんですよ。何から壊したかというと、マインドの呪縛から壊しているんです。

ディクシャを繰り返し受けると、あなたの脳は必ず平和になります。私は15年絶えず受け続けて、とうとうアホになりました（笑）。何があっても怖くないし、すべての人がいとおしい。いとおしくてしようがない。どんな人もそのまま、ありのままでいいんですよ。それをいつも大切にしてほしい。

そういう思いがあったら、12年後は乗り越えられます。**慌てないでください。何かになろうとしたり、何かをしようとしないでください。それが一番、マインドが絡めとる方法だから。**だから、みなさんに不安行動を起こさせるような情報が意図的に出されていたりするのです。

喜びにあふれて生きるネパール山岳民族

テレビでネパールのヒマラヤ山脈のドキュメントをやっていました。そこに出てくる山岳民族は、みんな底抜けに明るい顔で笑っています。みんな疑ってないのです。真っすぐ神を信じ、真っすぐそことつながって、ただただ、今という瞬間を喜びにあふれて生きているだけなんです。よりお金持ちになろうとか、より豊かに暮らそうとか、社会的地位を上げようとか、歴史に名を残そうとか、山岳民族は一切考えてないんですよ。ただただ伝統的な生き方を単純に明快に楽しく生きているんです。何かにつけて笑って、踊る。それこそ寒いときはマイナス30度になるようなところでみんなで踊っているんですよ。そういう生活をしている。それだったら問題ない。ここにマインドに絡めとられている人は存在しない。つまりマインドがあったとしても、邪魔になっていないのです。

負の遺産を返す体験

法廷で、人を殺して無期懲役という判決をもらって万歳三唱した人がいました。みんながあの人に向かってひどいやつだとなるでしょう。神様はひどいやつだとジャッジしていると思いますか。神様はそれを見てジャッジなんかしませんよ。それがその人のやりたかったことだから。殺されたほうはたまったものじゃないと言うかもしれないけど、例えば殺された人にとって、その犯人は過去生において殺してしまった相手だったらどうしますか。今生では殺される役割をして、チャラにしたいと思って、それをテーマに持ってきた。そうではないと誰が言えますか。すべてに原因と結果があるんです。そういうことが実際にあるわけですよ。

こんな話があります。私はかつてサティア・サイババのアシュラムに行ったことがあるんですね。そのときに、最前列で泣いている盲目の男性がいたのです。

サイババは、普通の人のところには行って話しかけたりするのに、その盲目の男性の前はすっと通り過ぎました。

「何でなんだろうな、助けてやればいいのに」と私は思いました。

同じように思ったボランティアのスタッフたちが、サイババにこう言ったのです。

「毎日来て、毎日助けてくれと言っているんだから、あなたは死者をよみがえらせたような人なんだから、この人の目だって何とかしてあげたらどうですか」

「おまえたちは彼の過去を知らない。前世で何をしてきたか、知らないだろう。だからそういうことが言える。彼は、今回は目が見えなくなって、前回の分の負の遺産を返しているんだよ。だから、これがベストなんだ」と言って、治さなかったのです。

それと同じで、この人に殺されたとしても、その人を死刑にしなければ許さないというのは、次へまた負の遺産を持っていくことになる。どちらかが許すまで、続くんです。

あらゆることの原因は、ずっと昔から何度も何度も繰り返されています。だから、最初に話したんですよ。アダムとイブが放逐されたときに、初めて死というのを体験する。死を体験するけれども、「産めよ、増やせよ、地に満ちよ」で、次の体をもらってまた出てくるんです。そうやって、この地球上でずっと体験をし続けているのが私たちだから、その負の遺産を今生において処理しないと、また次のときもそれを持っていくことになる。それをカルマと言います。原因と結果の法則です。

病気でカルマを返せるのは、一番楽なことです。さっさと返しているんです。ありがたいことです。病気にならしてくれてありがとう、ですよ。あっちに行ったらわかります。カルマが病気の最大原因の一つでもあるわけです。

意識によってもたらされた歴史、今まで生まれ変わってきた歴史がたくさんのカルマを持ってきます。原因と結果の法則を。

さらに今生における様々な要因まで含めて、過去・現在・未来のすべての想いが病気を創っていくんです。ですから病気は悪いものではなく、一人ひとりが創造の楽しみとしてその想いを楽しんでいるのです。でもそれに飽きたら手放せばいいのです。

エネルギーを手放せば、違う形で処理されていくものなのです。

そして自分がエネルギー体であることに気づいていきます。

生まれる前の設計図

私たちは生まれる前に設計図を描いてくるのです。ここで病気になるとか、ここで結婚するとか。結婚も、単純に結婚するんじゃないのです。このカルマとこのカルマを解消するために結婚するんです。だから、ぶつかって当然なんです。もともと、けんか相手と結婚しているわけだから。そこを乗り越えていって、カルマを解消したねということになるわけです。

不思議なことに、引き合うと、恋愛感情が起きてくるじゃないですか。こんなはずではということに必ずなるんですよ。私もそうでした。みんなそうですよ。100％同じ人間なんか絶対いないし、ちょっとずつ違うからおもしろい。そのちょっとの違いが許せないんだよね。大したことないのに、この違いが許せない。

でも、人間って、違うから楽しいんですね。しばらくいくと、それがだんだんわかってくる。わかる前に別れてしまう人たちがたくさんいますが、生まれ変わると、もう一回会わされて乗り越えざるを得ない状況をつくられるんですよ。例えば、避難した防空壕の中で会わされる。助け合わないと生きていけない。絶体絶命のところまで追いやられて、仲よくなる。本当ですよ。

私たちは大体、１万人くらいの人たちがグループで転生していきます。袖すり合うも他生の縁というのはそういうことなんだ。１万人のグループ。大きなお芝居の劇団員たちと考えたらいいです。舞台が終わって帰るところで、「お疲れさまでした。今回、大変だったね」という感じです。

あなたは体験したい宇宙知性

宇宙存在は地球にやってくるために、最終的に哺乳動物の霊長類の長として人類をつくった。できばえをみて、そこにウォークインしていったんです。

だから、何度もつくりかえていますよ。ご存じでしょう。知性のある生命体を何度もつくりかえているんです。地球を3回から4回、つくりかえるために壊したと言っていますから。それで出てきたのが、今の新生人類。

この中には、体験したい宇宙知性が存在しているんです。それが、あなたです。

私たちにはたくさんのカルマがやってきているわけです。

ただ、**カルマがあったとしても喜びにあふれて生きる、そういうスタイルになったときに、あなたは覚醒した存在になる。**

覚醒者は、みんなずっと笑顔です。性格がいいからじゃないんですよ。**性格が悪かろうがよかろうが、関係ない。そのことを喜んでいるんだ。**ジャッジしないんです。

真っすぐに、内側で創造主とつながっていたら、何が不安ですか。カルマ解消のために、病気になったり、けがしたりしているだけで、それはそれで味わうんです。でも、それはないんです。

ワンネスになればもうカルマはないんですよ。

でも、終わりにできることがわからないときは、ずっと同じことを繰り返し続けることしかないんです。

行動すれば、カルマがつきます。何かを食べればおなかいっぱいになるというのもカルマですよ。原因と結果だから。カルマ、イコール悪いことではない。いいも悪いもなくて、原因と結果の法則が流れているだけです。

病気や何かで気づくという側面もあるんだけれども、大いなる視点からみれば、本来の病気はないし、本来のけがはない。本来は、いつだって、どこだって、年をとることもないし、永遠に生きているのです。

すべての体験は自由選択

かつて、バガヴァンのところに行った男性が、バガヴァンにこう言いました。

「私どうしても人を殺してみたいんです。人を殺さないといつまでもいつまでも悶々(もんもん)としたものが残るので、殺してみたいんですよ」

あなたなら何て答えますか？

「やめた方がいい。そんなこと。自分も罪になって、牢屋に行くんだよ」。そうやって必死になってとめると思います。

バガヴァンは「ああ、人を殺したいんですか。それはいい夢ですね、ぜひやってください。ただ、今は法律があるから、あなたは捕まっちゃうから、捕まらないで自由にできるところがありますよ。世界は、傭兵を求めているんですよ。今戦争しているところがあるじゃないですか。そこに行って、傭兵で雇って下さいって言ってごらんなさい。そうしたらいっぱい殺せるじゃないですか」

そう言ったらその彼はすごいニコニコして傭兵になったそうです。それも、リビアで、あの内紛の中で、カダフィ大佐をやっつける方にまわって、結局その最中に亡くなったそうです。でも、彼の人生はそれで本望だったんですよ。殺された人がかわいそうじゃないか、という意見もあると思います。戦争ですから、どっちかが死に、どっちかが生きるんです。それを味わいたい人は、やっぱり味わった方がいいと思います。

あらゆることは、あるがままに、相手を裁くのではなくて、受け入れてあげればいいと思います。

愛っていうのはね、美しいことばかりじゃないです。醜いことも含めて愛なんです。すべてのものをすべて良しというのが愛なんですよ。

最終的に私たちが気づかないといけないのは、「すべては一つなんだよ」ということ。

誰のことも、そのまま肯定してあげることをちゃんと学ぶと、いつも平静でいられます。

無期懲役になってバンザイするのを見ても、バガヴァンは、こいつは頭のおかしいやつだとは言わないと思います。最後にこう言ったんですよ。

「どうせ人は死なないんですから」

死なないの。これが、何遍言われてもわからないんだよね。

身体を脱いだけん君

私のところの会員さんで、北海道のあるご一家は、すごい体験をされています。

2019年12月に、息子のけん君が亡くなりました。悪性リンパ腫から始まり、最後はがんが全身に転移して、11歳で旅立たれた。

相当痛かったと思うんですが、一言も苦しいと言わなかったそうです。

けん君のそばに来たお父さんが泣いてしまったら、

「泣かれても困るんだよな。大丈夫だよ」と、笑顔で言ったそうです。

死ぬ前に、お母さんやお父さんに対して、一言ずつ残しているんですが、死ぬことを覚悟している。11歳でちゃんと覚悟していて、それを残していくってすごいと思わないですか。本人はちゃんと寿命がわかっているんです。私たちにとってみれば、人生が短いとかかわいそうに思うけど、ちょっと違う。大人の魂なんだけど、あまりにもすご過ぎてね。けん君は本当にすごい言葉を残しているんですよ。

そして亡くなった後、またすごいことが始まりました。

けん君にえりちゃんという中学生のお姉さんがいるんですが、その子が絵の天才で北海道の県知事賞を取ったりするほど、絵がメチャクチャにうまいんですよ。

けん君が亡くなってから、えりちゃんは「そばにけんがきて、メッセージをくれるんだ」と言って、けん君の意識体とのコラボレーションで、直感的にそれを絵に描きはじめたんです。この絵を見たら、あの子たちは天才だとわかると思うんです。あまりにもすごい絵ですよ。

これは、けん君が上に上がって月に行って、みんなを見守っている、応援している絵です。絵が上手でしょう。ぬくもりがあってね。それまでの絵もすばらしかったんだけど、けん君が身体を脱いで、今度はエネルギー存在としてインスピレーションでつながるようになって、えりちゃんの絵は新しいステージにはいったように感じます。そこには私たち人類が思い出したい純粋で大切なメッセージがいっぱいつまっています。

「けんは月になった」作：さいとうえり

お父さんもお母さんも、亡くなった直後は立ち上がれないほど悲しまれました。

でも今は、けん君が身体はなくてもちゃんと存在しているということがわかって、また前を向いて生きていくことが出来るようになった。

ご家族は、大きな大きな体験をされています。けん君はその小さな身体と存在のすべてで「人は死なない」ということを教えてくれました。

この実話を本にするプロジェクトがヒカルランドでスタートしているそうです。絵と一緒に、感動の本になると思います。

今、若い人たちの中には、人類の霊的成長の本番を助けるために生まれてきてくれている進化した存在がたくさんいるのです。

自分は本当は何をしたがっているのか

精神世界の人たちは、「新しい世界が本当にきたらいいね」と心から思っている人たちです。心から思っていないと精神世界に向かわないです。

ですが、精神世界の周りにいて本だけ読んでいる人は、精神世界の人とは言わない。

精神世界のウィンドウショッピングをしているだけです。周りで遊んでいるだけ。

ウソつきですよ人間は。自分に一番ウソをついているし、いい子ぶっちゃうんですよ。嫌な部分を見たくないから。「大丈夫、そこはもう乗り越えたから」とか言って、大ウソついているわけですよ。わかったふりするから、ちっとも先にいけない。

コロナが出てきて、これまでの生き方にストップがかかった。えらいことですよ。これをチャンスに本気になって自分の内側に入ってください。

誰かを責めることで解決したというマインドの罠にはまっていないか。自分を責めることで自己憐憫（れんびん）の渦にはまっていないか、ちゃんと見る必要がある。

そして、お金のために嫌なことをしていないか。自分は本当は何をしたがっているのか、自分の行先をちゃんと決める必要がある。心からそう思いますね。

コロナのあと、経済的にひっ迫してしまうんじゃないか、生活できないんじゃないか、会社ももしかしたらリストラされてしまうかもしれない、そんな恐怖をお持ちの方もいらっしゃると思うんですけど、一番大事なことは、お金を求めようとしたら、お金から嫌われますよ。

そうじゃなくて、あなたは何をしたいんだろう。自分が最終的に何になりたくて、今何をしたいのか。今それを明確にするときだと思うんですね。せっかく止まったんだから、止まった時期にもう一遍自分を見なおして、それを自分の中で明確にしてしっかりと見つめる。そうすると、自分が本当にこの人生をかけてやりたいことが見えてきます。それを動き出せば、おのずから必要なものはすべて与えられますよ。本当に与えてくれます。次から次へと与えてくれます。あなたが思っている以上のスピードで叶っていきますよ。

本当に何がしたいのか。五体をもって。自分を見るには不便な目なんです。自分の背中も掻けない手なんですよ。足だってそうです。後ろには歩きにくいんです。つまり、この体は人のために何かするための五体なんです。

あなたはその五体をもって何をするんですか？
そしてあなたの頭は何を見ているんですか？
それに応じてあなたにやってくるもの、それがすべてです。

大切なのは、実際に生活の中で何をしているのか、何をするのか。
あなたは未来に何を描いているのか。
ここが今、一番問われているところだと思います。

だから、今は縮こまるときではなくて、せっかく止まったんだから、自分は本当は何をしたいのか、しっかりと見てこの時間を過ごしてください。

それをちゃんと見ることで、実は場面が展開していく。ポーンと。
まずそのことを認識してから次の段階に入っていくのです。

Q&A
4

「委ねる」状態がよくわかりません

質問者D 「委ねる」というのがよくわかりません。地球は行動の星だから行動しなさいと言われるじゃないですか。委ねるというから、じゃ、何もしなくていいやと思っても何も起きないし、ピンときたから、これをやってみたといっても、結果的に何もないという現状なんです。委ねるというのはどんな状態なんですか。

ケビン 確かにあなたの言うとおり、それだけを額面上とってしまうとそうだけど、大好きなことをやっていなさいということです。これをやったら、こうなるんじゃないか、ああなるんじゃないかと考える必要はなくて、大好きなことだけして生きるということですよ。嫌いなことはしないの。大変ですよ、嫌いなことをしている人たちは。サラリーマンの大半は、生きるために、みんな嫌いなことをやっているんだもの。

ところが、先程話したドキュメントで、ヒマラヤの人たちなんて、嫌いなことは誰もやってない。大体、遊んでいるよね。はいつくばっていたら、そこに冬虫夏草があって、これは１本１４００円だなとか言ってましたよ。楽しそうにやっていました。

楽しいことをやるの。サラリーマンにならなきゃいけないと思うから、苦しいんですよ。サラリーマンじゃなくても、働かなきゃいけないと思うから大変なの。嫌いな仕事なんか、やらないほうがいいよ。ヒカルランドの本でも読んでいればいいです（笑）。

とにかく、大好きなことをやってごらん。そしたら、笑顔になるでしょう。その笑顔が人と人とをつなげていくんです。そしたら、「あなた、これ、ちょっと手伝ってくれない？」とかいう話になる。それでいいのです。

私の話を聞いて、そうだと思った人がいます。北海道の帯広にいた子なんだけど、その子は看護師さんです。看護学校を出て、ちゃんと資格を持った看護師さん。収入はしっかりありましたが、急に看護師をやめちゃった。

「何をしたいの？」と聞いたら、

「大好きなテーマパークで働きたい」と言って、引っ越してきた。

「給料は幾ら？」
「10万円」
「えっ、家賃だけで大丈夫なの？」
「大丈夫」。休みの日はベビーシッターをして、すごく幸せに生きています。

だから、働くんなら働くで、楽しいことをして働くというのが一つのコツ。そうすると、何も不安もないし、心配もないし、楽しい人生になる。

でも、これをやめちゃったら家族はどうやって暮らしていくんだと思う。私は実際にやめたことがある。すべてを放り出して死のうと思ったんだけど、死ななくて今があるんですよ。

すべてを放り出して、一年間、放浪したんです。そのときに、成田山新勝寺でイカ焼きを売ったんですよ（笑）。一度、寅さんのマネをしたいと思っていたから。結構売れましたよ。

成田山新勝寺って、表参道にたくさんの屋台が出るんですけど、裏参道があるんですよ。そっちは人手がパラパラなんです。新参者だから、テキヤの親分に「あっちへ行け」と言われて、そこに用意した。「よし、売ってやるぞ」と思ったから、お詣りして帰ってくるところで、「安いよ、安いよ、イカだよ、イカだよ。そこの姉ちゃん、食べてイカない？」とかずっとやっていた。「すごい新鮮だよ。今そこで泳いでいたやつだから」。バカなことを言っているとみんな笑いながら、どんどん買っていってくれたんです（笑）。1本500円なんですね。「おい、正月早々だからまけろ」「正月早々値切っちゃダメだよ。よし、気に入った。大まけにまけて、3本1500円。どうだ」「まかってねえじゃん」（笑）。こんなやりとりで全部売っちゃった。すごい楽しかったですね。

思いっきり楽しい人生を生きること。だからといって、私は何も変わらないんですよ。誰かのために生きて、自分のやりたいことを全然やらずに人生を終わってごらん。愚痴ばかりになるから、最後に認知症になるんですよ。忘れたくてしようがないから。そんな人生、つまらないでしょう。ほとんどのみなさん、認知症予備軍ですよ。好きなことをやって生きている人は認知症にならない。それが一番のコツです。

Q&A 5 内側を観ようとしてもマインドがうるさいのです

質問者E　宇宙知性につながりたいですが、マインドがうるさくて頭がすっきりしません。瞑想も上手にできません。

ケビン　一番簡単な方法は、今、この瞬間にフォーカスすることです。今ここにいるっていうのは、呼吸が今ここなんです。自分自身が呼吸しているということに気がつくことです。

瞑想というと、みんな、「なにもない、なにも考えないことが瞑想だ」と思っているんですよ。それは大間違いです。次から次へ考えが流れていきますよ。流れているのがマインドだから。川の流れと一緒。止めようとするとかえって吹き上がります。だから止めなくていい。どんどん流れるままにしていて、考えが流れてくるのを、ただ黙って眺めることが、瞑想の始まりなんです。

考えを見るといったときは、外側に意識がいかないように、目をつむるか、半眼になってやるんです。どちらでもやれる方でやったらいいです。

つまり内側にいるために一番大切なことは、内側にいられなくするようなマインドに振り回されないということです。

そのコツはすごく簡単なんです。先ほどもいったように、吐いて吸って、吐いて吸って。呼吸に注目すれば、今ここにいられます。呼吸を意識していって、特に吐く息を吸う息の二倍以上の長さでふーっと吐いていきます。それだけで、副交感神経優位になるんです。そうすると身体全体の波動がゆっくりになり、時間がゆっくりと流れていく。そして今という瞬間に集中できるようになるから。その呼吸をずっとしていくと、内側に入っていくことになります。入っていったら静かになっていくかといえば、そうは問屋が卸さない。どんどんマインドが流れてくる。その時に、マインドに取り込まれないように、呼吸に意識を向けていくことを「内側を観る」と言います。

呼吸に集中していく。考えは流れていますよ。流していていいんです。呼吸に注目しているうちに、だんだん考えが遠くなっていく。感情もだんだん遠くなっていく。ふっと気が付いたら、無限瞑想と呼ばれているリミットレス瞑想に入っていく。

そのときに自己を拡大していきます。宇宙そのものの大きさになっていきます。それをただただ味わっていると、「ああ、すべては幻想なんだ」と気づけるんです。そうすると、完全な穏やかさがやってきます。やってみてください。やり続けるとそのことがわかります。

例えば、お金のことについてもそうなんだけど、いきなり答えがやってくるんですよ。直感のように。「あっ、こうすればいいんだ」ってやってくる。「どうしようどうしよう」という考えの中にいると、直感はこない。本当にこないんです。きていても、気づかない。だから、呼吸に注目して考えを観ていると、直感がやってくる。考えとは別のものです。

さらに、宇宙知性に完全に委ねたときは、もっと不思議なことが起きたりする。突然、考えもしなかったお金がふってくる、といったことが起こるのです。

質問者E　どうやって宇宙知性に委ねるのですか?

ケビン　もう宇宙知性しかいないと思って、宇宙知性に感謝を述べて、「すべてはあなたに委ねます。心から」。あなた、子供からすがられて「おばちゃんしかいないの」ってハグされて「お菓子ちょーだい」って言われたらどうします?

質問者E　「しょうがないわね」ってあげちゃう。

ケビン　でしょ。宇宙知性も同じです。まったくしょうがないなって言っているかもしれないけど、必ずくれます。望みを明確にしてね。自分でもなにかやれるんだって思いがちらっとでもあると宇宙知性は何もしてくれないですよ。

喩えて言えば、大阪に行きたくて新幹線に乗るようなものです。乗っちゃえば、寝てても、何してても大阪に着いちゃう。これが委ねです。

Q&A 6 マインドとエゴの違いは何ですか？

質問者F　マインドとはエゴのことですか？

ケビン　ちょっと違うんです。何が違うのかというと、自己中なものの考え方をエゴっていうでしょ。それは、自分に対する裁きですね。エゴと言ってしまうと、裁きが入っています。マインドと言ったときには裁かない。個人的な感情とか個人的な意識のことを言うんです。

自分自身に対して優しくしてほしいから、エゴで裁かないでほしい。それ5000年もの間、長い間長い間かけて流れてきた人類のすべての意識が、マインドとなって流れているんだから、それを裁いてしまうともっと大きな波をかぶります。だから、マインドっていうふうにやさしく言った方がいいと思います。

自分だと思っているマインドからの解放、それが最高の解放なんです。その解放、完全にしきったとき人はブッダになるんです。

Q&A 7 ディクシャでカルマも解消されますか？

質問者G　ディクシャを受けることにより、カルマも少しずつ解消されるのですか？

ケビン　カルマというのは解消したくて解消するのではなくて、おのずから消えていくんです。体験すれば消えていきます。ディクシャは、それを推進させます。

なぜかというと、マインドと本当の自分、つまり「アハン」という純粋意識と、「アハンカーラ」という個人的な意識、自己的な意識というものに分かれているんですが、一生懸命ものを考えてしまう状態だと、アハンカーラがアハンを内包してしまっているんです。

そうじゃなくて、そこをちゃんと分けましょう、分けるためには、それは創造主の設計ミスだから、創造主の力を借りてアハンとアハンカーラをちゃんと分けるんです。それがディクシャです。

そのことによって、カルマを解消するんではなくて、とってもカルマが消えていきやすくなるんです。現実的には、カルマにフォーカスした瞬間に跡形もなくカルマが消えていく、そういう状態になるんです。

ブッダは、悟る前にカルマを解消したんでしょうか。そうじゃないですよ。

カルマそのものが、幻想だったと気づくんですよ。その状態にみなさんが気づけるようにもっていきますというのがディクシャです。

第5章

あなたこそ、宇宙知性——現実をつくる力

願いが叶う仕組み――シュリシッディの伝授

バガヴァンの御子息クリシュナジとプリタジご夫妻に招待されて、ＯＣＬＣという12日間のコースに参加してきたのは、２０１８年の冬のことです。ＯＣＬＣが最高のエネルギーを伝授しますということで、私にシュリシッディという方法を伝え、エネルギーをもらってきました。それ以来、様々な人に伝授してきました。

シュリシッディの「シュリ」は豊かさです。超越した豊かさという意味です。「シッディ」は、偉大なる宇宙パワーです。そのエネルギーをディクシャという手法でおろします。

それによって、願望が一気に実現します。どれくらい望みが叶うか。

巷（ちまた）には望みが叶うという本はたくさん並んでいるし、引き寄せの法則があって望みが叶うんだというのは、みなさん、知っているでしょう。ただそのとおりやっても、うまくいくときと、うまくいかないときがある。なぜそんなにばらつきがあるのか。

その大もとのところをみなさんは知らないからです。

願いを叶えるのは、私たちではないですよ。願いを叶えるのは、宇宙知性です。

だから宇宙知性とつながればいい。ところが、なかなかつながれないんですよ。なぜつながれないか、マインドに絡めとられた状態だと、「これでほんとにいいんだろうか」と常に疑い続けてしまいます。だからストンとつながれないんですよ。

シュリシッディでは、あなたがどんなに不安でも、どんなに心配しても、そんなことはおかまいなしで、あなたの夢、願望にドカーンと創造主、宇宙知性のエネルギーを入れますから、いきなり叶っちゃうんですよ。シュリシッディがどれくらいの力を持っているかというと１００％叶います。99％じゃないんですよ。１００％。

フェラーリをもらった青年

実例を言いますね。ちょっと斜に構えた30歳のお兄ちゃんが来ました。その子は、「どうせ実現しないだろうけど」と思いながら、「フェラーリが欲しい」という願いを持ってやってきました。子どものころからの夢だった。フェラーリの何型、何型と全部細かく知っているわけです。小学校のときから、フェラーリのことだったら何でも知っていたんです。

ところが彼は、まだ２００万くらいしか収入がない。だから、斜に構えて来たんですね、無理だろうなと思いながら。

シュリシッディの会では、４つのことを聞くんです。願いは何か、どうしてそれを望むのか、もしあなたが自分で叶えるとしたらどんな方法を考えているか、そしていつまでに叶えたいか。そのときは12月でした。彼は、どうせ無理だと思うから、「１月末までに」とすごい短い時間で設定したわけです。

そして、シュリシッディを受けました。

受けて、１月に入った途端に、仕事で急遽ドバイに行くことになります。そしたら、仕事の交渉相手が、なんとドバイの王子様で、その人がフェラーリの収集家だった。ビルの真ん中でフェラーリを７台も展示していたそうです。どうやってそのビルの中に入れたのかわからないけど、７台並んでいた。

「すげーっ」と言って、一つひとつ見ながら、これはあれだ、これはあれだと説明し

ていた。それを王子が聞いていて、

「あんた、随分フェラーリに詳しいね」と言って、話が弾んだ。

「一人で7台なんて、どうせ乗らないでしょう。1台くらいくださいよ」

さすがに30歳だね。そう言ったら、王子がゲラゲラ笑って、

「そこまではっきり言う人間に初めて会った。よし、あげるよ」と言われた。

ここから、この人間のたくましいところですよ。

「こんなところでもらったって、日本に運ぶのにおカネがかかるんだから、横浜の港でもらいます」。そしたら、大笑いされて、

「わかった。横浜の港であげるよ」

で、もらっちゃったんですよ。これがシュリシッディの威力です。本当に叶っちゃった。「どうだった？　フェラーリは乗りやすい？」と聞いたら、

「乗りにくい。コンビニに入るのに、段差があるじゃない。あれでガリガリッとやるんだ。日本の道路に向いてない」と言っていた（笑）。本当の話なんですけど、そんな青年がいます。

1億5000万を手にした女性

それからもう一人は、これも本当にびっくりする話です。

シュリシッディを受ける前に、叶えたい願いを一つ決めてもらいます。ただ、宝くじが当たるというのはダメですよ。なぜかというと、宝くじはどうやって当てるの？当て方がわからないのに、そんなものは夢と言えない。これはダメです。

ところが、この女性は、「競馬で当てる。私は競馬のプロだから絶対大丈夫」と言うわけです。どういうふうに現実的なことを書いたのか。パドックに行って、馬が回ってきますね。「私に向かってサインをくれる馬がいる。行くよって。目がキラッと光るからわかる」と言うんですよ。そう書いて、実際にレースに臨んだ。当て続けて、最終レースが終わったときに、彼女は幾ら手にしていたでしょうか。1億5000万ですよ。すごいでしょう。1億5000万、どうやったら競馬で取れると思いますか。あり得ない。彼女もびっくりした。

そこで、当たり馬券をおカネにかえるじゃないですか。ＪＲＡの袋がこんなになっちゃった。それを持って、家に運んで、フーッと息ついた瞬間に、ピンポンと鳴ったんです。そしたら、「国税庁の者です。実は相当当てた方がいらっしゃるというので、つけてきました」。その場で税金を徴収された。ほんとの話ですよ。

マイホームを、自分の計画では5年くらいで手に入れようと思っていた人がいます。それをきちっと計画していたのに、突然おじさんが亡くなって、遺言状の中に、姪っ子の誰々に遺したいと書いてあったので、ドーンとマイホームのおカネが来ちゃった、という人もいました。

あらゆることに不思議なことが起きます。何が起きるかなんて、私にはわからないけど、みなさんの内側に存在する宇宙知性があなたの中でそれを必ず叶えてくれます。

さてでは、あなたは何を望むでしょうか。

Q&A 8 今抱えている問題か、その先の夢か

質問者H　もちろん夢はあるんですが、その前に、今抱えている問題をどうしても解決しなきゃいけないということがたくさんあります。そういう場合はどっちを優先していくんですか。今すぐ解決しなきゃいけない問題なのか、夢なのか。

ケビン　どっちが先だと思いますか。例えば交通事故に遭う寸前だったら、そっち優先ですよね。それは間違いないでしょう。そのくらいせっぱ詰まったものなのか。それとも、とにかくそれを解決しないと次に進めないという夢なのか。

質問者H　解決すれば、夢につながるということなんですけど。

ケビン　そうしたら、それをテーマにすればいいんじゃないですか。でも、それ、つまんないですよ。簡単にあなたが望むものは何かと見たほうがいい。今を生きるということは、過去のことにとらわれないということ。それから、未来は、今に来ない限りいじれないんだから。**今という瞬間以外には私たちは存在しないんですよ。**

とにかく今見ているものは何か、これによって人生は決まるんです。

みなさんの中に宇宙知性、つまりゴールデンオーヴが入っているということは、あなたが創造主なんです。どんな人生にするかは、あなたが決められる。たとえ、どんな過去生を持っていようが、どんな状態であろうが、それとは関係なくあなたが決められるんです。それに応じて全部が整っていきます。そこをよく理解して、考えてみてください。

質問者Ｈ　シュリシッディの後はただ普通に過ごしていればいいのですか。

ケビン　あなたの計画の中にこうしたい、ああしたいというのがあれば、それをやればいいだろうし、委ねていればいいんですよ。私たちにできることなんか、何もないんだから。シュリシッディで瞬間的にあなたを宇宙知性とつなげます。そのときにあなたの願いは解き放たれます。だからその後は、もう成就したと思って、喜んでいればいいんです。安心していてください。

委ね方が下手くそな人たちが夢を壊していくんです。「ああじゃない」「こうじゃない」「こんなことできるわけない」と、いろんなことを考えてしまって、みんな壊しちゃうんです。**委ねていれば、不思議なくらい、次から次へとうまく行きますよ。**

叶わないときは、自分の夢が明確でないときです。あれもいいし、これもいいしと考えているときは、叶わない。これと決めたら、決まります。

マーケットに行きますね。たくさんのものが並んでいます。どれにしようかというときが一番不自由なときなんです。自由に見えるけど、それが一番の不自由さなんです。**本当に自由な人は、選択肢がありません。「これ」。すぐ決められます。目標も、すぐ決められた人が一番確実に現実化するということです。**

さっきの話みたいに、フェラーリの彼は、フェラーリ以外、考えてないんだから。どう叶うかということは全然考えていない。一応計画は立てたけど、あとは知らん顔して忘れていたら、フェラーリのほうからやってきた。

頭のいい人たちは、ああじゃない、こうじゃないと考えて、マインドに呑み込まれてしまう。そして、夢をみんな壊してしまう。でも、それはあなたのせいでもないんです。先祖がそういう人だったんですよ。ほんとに先祖がそういう人だったんです。そういう考え方を持った先祖がいっぱいいいたんです。おもしろいですよ。

先祖供養ではなく、先祖解放を行う

例えば、望みが叶わない人たちがいるでしょう。調べると、先祖が入り組んでいて、その先祖たちが、望みを叶えさせないために、足を引っ張るんです。

「やめておけ。ろくなことにならないぞ」

「そんなこといったって、叶いっこないだろ」

耳元でそんなのが聞こえるでしょう。全部、先祖がしゃべっているんだから。これをとるために、みんなどうしようと思う。

みんな、先祖供養をやろうとします。先祖供養は先祖解放にならない。先祖供養というのは、早い話が成仏してくださいということでしょう。成仏してくださいと幾らお願いしたって、向こうがいやだよと言ったら終わりじゃないですか。そうではなくて、ちゃんと本然の宇宙知性、つまりこの宇宙をつくったエネルギーとつなげてあげないと、不安・心配・恐怖は死んでも残るんですよ。宇宙知性とつながる方法を伝えてあげなくてはいけない。そこがわかってきたんです。

例えば、ＤＮＡに刻まれたいろんなことがありますね。それを消し去るために先祖解放します。本当の意味で先祖が解放されて、喜びにあふれて天国に行くようなことがあったら、それはすばらしい結果をあなたにもたらします。そのときに、運命は変わっていくんです。

ちなみに、変えられる運命と変えられない運命があるのをご存じですか？

簡単に言うと、カエルさんがピョンと飛び上がりますね。それをこっちに行け、それは無理なんだ。飛び上がったら、落っこちるところはもう決まっているのです。

でも、飛び上がる前なら、それをとめることができる。それが先祖解放の持っている力です。

絶対の安心感で緩みきる

自己実現のいろんな本に書いてあるとおりやると、うまくいくようだけど、みんな途中でダメになるでしょう。挫折を繰り返す。あれは力んでいるからです。

人間は、力みのプロセスに入ると、うまくいかない。武道家でも何でもそうだけど、上手な人は力んでないですよ。緩み切ってないといけない。

だから、フラワー・オブ・ライフになっているのです。それぞれがやっているように見えて、結局、交わっていくのです。それで球体になっていくんだ（２３０Ｐ写真参照）。

何かをジャッジしたら、そのつながりを全部切ってしまうことになるから、よけいいびつなものになっていく。ジャッジしないでいると、すべてのエネルギーは連関し合うので、とてもすばらしい人生になる。

ところが、「ここでこうなって、こうなって、この結果を手にしよう」というプロセスを考えると、力が入ってくるのです。

数学だってそうでしょう。数理論をずっとやっていると、まるで抒情詩を見ているみたいにきれいな世界に入っていく。

オーケストラは力みがあると、うまくないんですよ。ウィーン・フィルとかベルリン・フィルとか、ああいうグループがやっているものは力みがないんです。だから、聞いてて穏やかな気持ちになるけど、その辺の吹奏楽団では、音が来てるというのはわかるけど、美しいまではいってない。

コーヒーでもそうです。ここでこの割合で調合して、水はどこどこで取ってきて、温度は何度でと管理している、こういうときはちっともおいしいものができない。おいしいコーヒーをいれている人は、おいしいコーヒーを飲ませてあげたいなと思って、目分量でもいいから適当にやっていると、うまくいくんですよ。

おばあちゃんの味というのは、いい塩梅というじゃないですか。それがおいしいんだよね。料理は、必ず言うじゃないですか、塩・砂糖は適当に。

ヒーリングで言えば、全部お任せなんですけど、何もわからずに任せたって何も起きないのです。信頼感や、絶対の安心感がすごく大事です。

絶対の信頼、絶対の安心感。これを持っているか、持ってないかがカギを握っています。

その生き方に力んだものは何もないのです。フワッとしている。力んだらダメですよ。あらゆることはそのままでいいんですよ。そこにはこうあるべきだというものはありません。

シュリシッディの実施

ケビン　それでは、これから何をするかお話しします。

シュリシッディの「シュリ」は豊かさです。超越した豊かさという意味です。

「シッディ」は、偉大なる宇宙パワーです。それを、これから「ディクシャ」という手法でおろします。そのために、頭の上に手を乗せます。そして、特別な瞑想をやっていきます。

では、目をつむります。背筋をピンと伸ばすために、背もたれを使わないようにしてください。手のひらを上に向けて、太ももの上に置きます。

人差し指の先と親指の先をくっつけて、あとの3本は軽く立てておきます。

自分の意識的な呼吸に注目しましょう。

吐く息は吸う息の２倍以上長く、ゆっくりと吐いていきます。

吐く息に乗って、滞っていたエネルギーがすべて押し出されていくのを感じていきます。

一呼吸ごとに意識が落ちついていきます。

しばらくの間、意識的な呼吸を続けてください。


それでは、これから４つの質問をします。

1、あなたは何が欲しいのですか。欲しいものを明確にします。
2、なぜそれが欲しいのですか。それが欲しい理由を明確にします。
3、もし現実的な方法でそれを得るとしたら、あなたはどんな計画を持っていますか。具体的な計画を明確にします。
4、いつまでにそれが欲しいですか。欲しい期日を明確にします。

それでは、あなたの目の前に黄金の箱を用意します。

その中に夢のすべてを入れてください。そうして、ふたをします。

天井から黄金色の光がその箱を包み込みます。

あなたは、成就した喜びの中にいます。

そして、あなたの周りの知っている施設や、あるいは地域にその利益の一部を寄付している、その姿をイメージしてください。

そして、宇宙知性に深い感謝をします。


《誘導瞑想》（約10分間）


では、自分の一つの願いが叶うように、またはハートの中に一つの思いが実現するようにという意図を込めましょう。

それが今この瞬間に既に現実になっていると感じ、イメージします。

それでは、シュリシッディを開始します。終わりましたら、リラックスしていてください。

（参加者一人ひとりの頭に両手を乗せる）

それでは、ハートセンターに手を持っていきます。右手を下にして、左手を重ねます。

そして、宇宙知性に深い感謝をしてください。

準備ができたら、ゆっくりと目を開けていきます。

はい、お疲れさまでした。シュリシッディはこれで終了します。

「シュリシッディ」で一人ひとりにディクシャを行う著者

「今」という瞬間に居続ける

今、私は、どんな瞬間も考えにとらわれることがなくなりました。全くない。だから、いつも幸せです。不幸そうな顔してないでしょう。

満員電車に乗るじゃないですか。人がギューギュー押してくる。「イヤだな、この満員電車」、これが考えですね。それはやっぱりやってくるんです。でも、その瞬間に観察していると、「みんなもイヤなんだろうな」というのがわかってくるから、ご苦労さんという気持ちになる。すぐ幸せになる。

若い人が座ってて、私みたいな年寄りが立っている。ちょっとイラッとすることだってあるじゃないですか。でも、「この人も疲れているんだな」と思ったら、ゆっくり休んでくださいという気持ちになるじゃないですか。逆に、「私は元気だな、ありがたいな」と思える。こんなことの連続で、いつの間にか今という瞬間の中にずっといることになる。

今にいれば、誰も不幸にならないです。今から外れるから、不幸になる。

昨日のことを考えて、「ああ、もうちょっとあのおいしいものを食っておけばよかった」、「あいつにあんなことを言われたんだから言い返しておけばよかった」。そんなことを考えるから不幸になるのです。

「明日、地震が来たらどうしよう」。明日の地震に備えてというテレビ番組をやっているけど、死ぬような瞬間が来たら死ねばいいのさ。はい、お疲れさまでした。しょうがないよね。そう思ったら、明日のことを考えたってしようがないじゃないですか。ギリシャにとんでもない哲学者がいて、「空が落ちてきたらどうしよう。我々は全員死んでしまう」。それでなくてもギリシャ時代の人は全員死んだんですから。

どんなに豊かになって、どんなにすばらしい人生でも、終わりが来るんです。だから、終わりのことを考えてもしようがない。今生きている、この瞬間のことだけ考えていればいい。そうすると生きている喜び、生かされていることへの感謝が湧き上がって来ます。

波動がよくわかる野生の生き物

例えば、私が宇宙知性とつながって眼鏡を見つめます。そうすると明らかに違う眼鏡になります。これは物質のいわゆる電子量が変化した結果です。電子量が全然違うので、よりクリアになる。電子というのは物質の原点じゃないですか。あらゆるものは電子によってでき上がっている。その量が多いということは、より働いているということです。

エネルギー量が多くなってくると、部屋の香りも全部変わってきます。この部屋は全然違うでしょう。私がいるだけで、ほかのオフィスと空気感が違う。

プラズマ療法の田丸滋[※4]先生がうれしいことにびっくりされていた。彼は電子量がわかる先生だから、「あなたのそばに来たら、暑くてたまらない。多分、普通の人の十倍以上あるんじゃないか。普通の人は20ボルトくらいだけど、あなたは200ボルトを超えているよね」と言っていました。

※4　田丸滋…日本プラズマ療法研究会理事長。著書『プラズマ化学はこうして人体の危機を救う?!』（ヒカルランド）で、コロナウィルスの重症化防止策となるプラズマの働きを公開している。

全国の仲間と会うところを見てほしいのですが、みんなめちゃくちゃに私にひっついてきます。お父さんに会ったみたいな気分なんでしょう。おじいちゃんもおばあちゃんも関係なく。屈強の男性で、相撲取りみたいにでかい人がいるんですが、その人なんか、私とハグすると離さない。私は持ち上げられて宙ぶらりんになるのです。実際には、宇宙全部がそういう力で満ち満ちているのです。

ラマナ・マハルシという人がいる。あの人は「沈黙の聖者」として有名だけど、彼のすごいのは、彼が寝ていると、周りに野生動物が集まってきて、寝ているんですよ。虎も来るんですよ。虎がウサギの隣で寝ているんです。みんなが平和になるのです。

シュリー・ラマナ・マハルシ（1879－1950年）南インドの聖者

あるとき、虎がウサギにちょっかい出して、追いかけ回したときに、たまたまラマナが見て、ものすごい勢いで怒られて、虎がシュンとなった。野生動物でもそこまで従順になるのです。

そんなのになりたいなと思っていたら、私

に不思議なことが起きたんです。最初にバガヴァンに呼ばれてインドに行って帰ってきたら、五反田の高速道路の下のところにハトがいるんですね。ドバトがいっぱい。ブワーッと全部が私の上で回転し始めた。それで、バタバタおりてきたと思ったら、私の体にとまるわ、目の前に飛んでくるわ。私はいとおしいから全然構わなかったんだけど、「ちょっと急いでいるから、今は遊べないんだ」と言っても、全然離れようとしない。前から来た犬がワンと吠えたんで、バーッと飛んでいった。犬にもありがとうを言って帰ったことがあります。

うちの前は茶畑なんですが、茶畑のところを通り過ぎようとしたら、パタパタと鳥が飛んでくるんですよ。それがおもしろい。カラスの隣にムクドリがいる。普通、カラスの隣にはいないですよ。春先だとヒバリがとまってきたり。スズメなんか当たり前にいる。みんな整列している。どうしてこんなことが起きるんだろうなと思って見ていたら、目の前に小さな鳥がパタパタパタとおりてきて、僕を見ているんですよ。しゃがみ込んで手を出したら、トットットッと手にとまる。波動が一番よくわかるのは野生の生き物なんですよ。そういうことがいっぱいあるので、鳥は食べられないし、肉は食べられなくなりました。

不思議なことに、調和がとれてくると、あらゆるものがきょうだいだということに気づきますよ。決して人間だけじゃない。みんなが協力し合ってこの地球をつくっているんだなというのがわかるから、よけいに優しくなるのです。そうすると、ときめくんです。

みんな大好きだから。目をつむっていても幸せなんです。

「働く」が、変わる

これからは、ますます働き方が変ってくる、つまり人間の生き方が変ってくると思います。

かつて渋沢栄一は、貧しい人が寄って来て「おめぐみを」と言うと、「働け」と言ったという話がある。これは美談になっているけど、人間は働かなくていいんですよ。働くんじゃなく、楽しいことをやればいいんです。農業が嫌いな人はやらなくていい。ＡＩが野菜をつくればいいんですよ。必要なエネルギーは幾らでもあるし、それを利用する技術もある。それでちゃんと衣食住足りたら、あとは何が必要なのか。何も要らない。ほかと比較してぜいたくをしたいという人がいたら、それはそれでもいいけど、普通に生きていけたら、あとは自由に考えればいいじゃないですか。そう思いませんか。それが実現できる世界に入ってきました。だから趣味で農業でも何でもすることです。

例えば、３Ｄプリンターができている。あれはタイムマシンみたいなものですよ。プロトタイプが一つあったら、世界中どこでもそれが通用するようになる。そうやって考えると、ハードな部分は、世界は無限に一つになりやすいんですよ。あっという間に世界中の国の人とつながりますよ。ほんとに専門的な分野で。

アマゾンが近い将来、空を飛んで配達をやるんでしょう。世界では、空飛ぶタクシーの実験も始まっていますよ。あらゆることが実験の中に入ってきているので、もうすぐ実用化します。

本来の教育へ戻りはじめる

そうなったときに、人間は、本当に何をしたいのかわかってないといけない。だから、教育はそこに集中するのです。今の教育は、いかに世の中で成功するか、例えば経済的に成功するとか、そこに価値をおいているわけです。そうじゃなくて、あなたがどうやってこの世界で生きていきたいのか、誰とつながっていきたいのかということが最も大切になるわけです。そのことを教育の場で教えてあげる。教育の場は、そういう場になるべきです。

この形にかっちりはめなきゃいけない教育はやめたほうがいい。優秀な子だけが笑える世界って、変じゃないですか。大事なことは、誰でもが笑顔で暮らせる世界。

歌を歌いたいという人が歌っててていいじゃないですか。競争しなくたっていい。競争するから大変なんだ。どっちがうまいというから大変なんですよ。うまさなんか、競う必要はない。今、職場でも、誰がどれだけ業績を上げたかではなくて、どれだけ仲間と一緒にやれたかとか、そういう査定が入ってきたんですよ。人間関係がどうなのか、それが査定の基準に入ってきた。時代は間違いなく変わる。業績だけだと、若い人はついてこない。

私の時代は、業績オンリーだった。リゲインという歌がはやったころだから。知っていますか。あんな時代ですよ。セールスの世界で1位になったけど、むなしさだけがあるんですよ。喜びなんかない。だって、明日はゼロだもの。1位になったら、1位であり続けなければいけない。落ちれば、「ほれ、落っこった」と言われるだけだし、とてもつらい世界ですよ。

スポーツもしかりです。オリンピック選手は何のためにスポーツをやっているのでしょうか。金メダルを獲るためでしょうか。この考え方自体がおかしいじゃないか。そんな苦しさを与えてどうするのか。スポーツ選手はみんなそれで苦しんでいるんだからね。楽しいはずのスポーツが楽しくなくなっているわけです。

私の友人にハワイ在住の日本人実業家の千種バートさんという方がいます。これからの経営者はスピリチュアルが分からなければいけない。さらにイノベーションも分からないといけない。題して「スピリチュアル・イノベーション」を男スピという名で提唱しています。新しい時代が来ていますね。

子どもをいかに導くか

パンチャタントラというのがインドの昔話にあって、バガヴァンはそれをよく引用するのですが、パンチャタントラではこう言うのです。

ゼロ歳から6歳までは王様のように、6歳から12歳までは王子様のように、12歳から23歳までは大親友のように育てなさい。そうすると、その子はとてもすばらしい、愛に満ちた子になりますよと。

私たちは条件づけする名人なんですよ。これをやっちゃダメでしょう。何でそうやってサイダーばかり飲むの。こうしなさい。ああしなさい。それで条件づけしちゃうわけです。

「王様のように」ということは、これを6歳までは一切しない。王様に対して家来はどうしているかというと、安全なように周りを見張ってあげるわけです。安全な空間をつくってあげて、その中で自由に動かす。そのときにでき上がったものは何でも、あるいはやったことについては何でも賞賛をする。うわー、すごいね。汚したときは、「ここまで汚したの。すごいね」、そうやって褒めてあげる。

千住3兄妹がいるじゃないですか。千住3兄妹のお母さんというのは、あの天才たち3人を育てるのに、すごいことをやったわけですよ。

お母さんはこんな言葉を言っています。

「子どもは親のものではないのよ。将来どんなことをやっても自由なのよ」

「興味を持って集中させること以外に子どもを伸ばす方法はないわ」

「子どもはみんな天才なのよ」

いつも子どもを褒めて育てていた。

束縛されてないから、兄妹仲もいい。6歳まではそうやって育てるのです。

6歳から12歳までは「王子様のように」というのはどういうことかというと、集団生活もあるから、いろいろルールが出てくるじゃないですか。「王子様、そうやってしまうと、こういう迷惑がかかることもあるし、こんなことも起きちゃう。それは注意深くやったほうがよろしいと思います」と、侍従、家来が言うように丁寧に伝えてあげる。叱って伝えない。そうすると、子どもの中の自主性が育つんですね。分別もついてくるのです。12歳になると、立派に育ってきます。

12歳から23歳までは、徹底的に無二の親友のようになって、相談相手になり、自分も何かを相談したりして、一人の人格として認めてつき合っていくと、23歳になったころ、その人はすごくやさしい、愛のある人として育っている。というのがパンチャタントラに書いてある。

私のセミナーを受けた子で今、高校生ですが、すばらしい子がいます。何でもよくわかるし、わかることを自慢しないし、友達をとっても大切にするので、友達から神様と呼ばれている。優しい子です。その子が「もう高校に行きたくない」と言うのです。「どうして？」「だって、勉強しなきゃいけないと押しつけられるし、みんな仲間なのに、みんなで競い合っているのを見ていたくない。悲しくなるだけ。うちにいるほうがずっといい」そう言いました。

吉本ばななさんは、中学校から二十幾つまで一切学校に行かずに、彼女の独特の作風ができました。お父さんの吉本隆明さんがばななちゃんをいつも背負って、千駄木の町を歩いていた。あのばななちゃんは、お父さんが一生懸命かわいがって、何をしていても文句を言わずに、「今、その時間だろうから」と、大切にしてあげた結果ですよ。親にできることは、その子にとって最高の環境を与えてあげることだから。押しつけることじゃない。

だって、子どものほうが、親より間違いなく進化しているんだから。

かといって、そうしなかった自分の親や環境を批判したりはしないこと。だってあなたが体験したくて選んだ環境ですから、むしろ感謝して当たり前なのですよ。

AIに愛だけは教えられない

みんなが本当に楽しめる世界が私の夢です。

ヒーリングもそこを目指しています。だから、その人はそのままでいい。そのままではいけないとみんな思っているんですよ。そのままじゃいけないと思うところに苦しみがある。何かになろう、何かになろうとするじゃないですか。あの人のようになりたいとか。でもね、あなたがどんなに女優さんの○○さんのようにきれいになりたくてもなれないでしょう。それは赤カブとして生まれたのにイチゴになりたいと言っているようなものです。整形してどんなに変えても中身は赤カブなんですから。赤カブには赤カブにしかない役割があるんです。楽しくやっていれば、うまくなくていい。あと何年もしないうちに、ＡＩがすべてのものについて人間を超えますよ。

でも、**ＡＩにないものがあるんです。それは何か。愛なんです。ＡＩに愛だけは教えられない。それをすべての人がきちっと理解できるようにしていくのが、とても大事**なような気がします。

ＡＩ以上にでかいものを持っているのが人間なんだ。ＡＩなんて、競争相手にもならない。それくらい、すてきな尊厳を持っています。

私たちは、一人ひとりの人間とつながっているのはもちろんのこと、すべての動植物とつながっているわけです。だって、空気は誰がつくっているんですか。少なくとも炭酸ガスを浄化してくれて、酸素をいっぱい吐き出してくれているのが植物でしょう。植物と私たちが無縁であるわけがないじゃないですか。

私たちは大きな大きなエネルギーの中に包まれて生きているんですよ。ありがたい。それが愛なんだ。感謝のバックには必ず愛がある。言葉だけの感謝には愛がない。響

いていく感謝は、ちゃんと伝わるものです。細胞の一つひとつに伝わっていく。

そんなことは次元の高い人がわかることじゃなくて、普通のおっさん、おばさんがちょっと考えればわかることだ。これを、多次元まで見てわかりますと言う必要はありません。多次元は要らないです。今見ている、その日常の中から始まります。

「ワレ完全なり」というマントラ

私が、大好きなマントラの一つに**「ワレ完全なり」**という言葉がある。

今、自分の目の前で展開されていることは、原因と結果の法則の上で起こっていることだから、起きてくることは、完璧なんです。そういう形で完璧に起きてくるんです。だから、それを変えることはできないんです。できないけども、自分たちが内側を観て、もしつながりを感じることができるのなら、そのつながりを心から感謝をして宇宙知性にゆだねていくと、**実は完璧であったそのものが、違う形の完璧として現れてくる。完璧は、変わらない完璧じゃなくて、常に変化し続けることで、完璧なん**

です。

だから、回転なんですよ。同じ軌道を回っていながら、ほんの少しずつ変化していっているんです。地球の軌道も若干の変化をし続けています。春夏秋冬の変化でもわかるものです。

私たちの目の前にあるいろんなものは、長い時間をかければ劣化していきます。たとえば、紙は、長い時間外においておくとどんどん茶色くなって、さらに時間が経つともう土に還っていくんです。全然変わらないように見えて、少しずつ変化し続けているんです。

同じことなんです。私たちが何を自分の内側で観るかによって、変化は違って来ます。それを変化させてくれるのは、私じゃない、あなたじゃない。私たちの内なるディバイン。聖なる知性なんです。それが、宇宙知性と呼ばれているそのものなんですね。

感情は人生を楽しむツール／喜怒哀を楽しむ

感情というのはこの人生を楽しむための最大のツールです。

感情がなければこの人生は楽しくありませんね。笑うこともなければ、泣くこともなく、苦しみもなく、何も感じることがなくなった人生なら、あなたは生きていたいと思いますか？

「喜怒哀楽」は、人間にある4つの感情のことだととらえられますが、そうではないのです。**「喜怒哀を楽しむ」**ということなのです。

喜ぶことや怒ることや悲しむことを楽しんでいるのがこの人生です。そのようにこの字を見るとわかると思います。

「喜ぶことはOKだけど怒るような人生をやってはいけない」

「人間が未熟だから怒りの感情がでてくるのだ。怒ってはいけない」

あるいは子どもの頃から「泣いてはいけない」と教えられた人もいると思います。

そんなことはないのです。喜怒哀楽、すべてが必要なものなのです。
思い出してください。私たちは、体験したいディバインなのです。

フラワー・オブ・ライフ／宇宙は全部つながっている

神聖幾何学図形・フラワー・オブ・ライフの立体模型があります。これは、宇宙全体の設計図なんです。そこのひとくくりずつに大きな巨大宇宙が存在し、その内部構造まで全部つながって見えているんですが、私たちはどんなに巨大な世界を創っても、どんなに極小の世界を創っても必ず全部つながっているんです。必ず全部つながりのある世界なんです。

つまりあなたが一人だってことは、決してないんです。どうやっても一人にはなれないんです。そのことに注意を払ってほしいと思うんです。

人体一つ見ても、お分かりいただけるように、血管は血管として存在しているのではないですね。すべてをつなげています。足のツボをいじることで、身体が元気になったりします。手のツボをいじるだけでも元気になったりします。全体にして一つなんです。一つにして、全体なんです。

神聖幾何学「フラワー・オブ・ライフ」立体模型：トッチ作（いやしの村東京所蔵）

つながりの中で存在する自分に気づく

あなたがここを志願してここに出てきた以上、体験はそれぞれ違うかもしれないけど、あなたのせいなんてこれっぽっちもなくて、そういうマインドがやってきただけですから。それを冷静に見て、その感情の中にいない、ということを、いつもいつも意識する。

マインドと距離をとっていくことで自分の内側を整えることができます。

そしてその次にあなたにできることは、**その感情そのものが、自分の体験としてとっても大切な体験だったということに対して深い感謝をする**ことなんです。

そしてたくさんの人とつながっている自分に気づいていくことです。

あなたを生んで下さった両親。その人がいなかったら、その体験もできなかった。まずそこに大きな感謝が生まれるでしょう。そしてあなたの兄弟も、あなたの親戚も、あなたをここまで育ててくれた先生や仲間たちに対して、深い感謝が生まれるじゃないですか。

例えば、あなたを嫌って、あなたと距離をとった人も、その人のお陰で自分の中にたくさんの気づきがあったんですよ。だって、嫌われる理由はどこにあったんだろうと考えたはずです。絶対に考えたはずです。

そのことをちゃんともう一度見てください。そうしていったら、自分の内側で感情に負けることがなくなってくる。それをしっかりやれば、あなたは、いつも平和になります。

その次に、もう一つ大切なことに気づかなきゃいけない。

それは、あなたの内側に聖なる存在がちゃんと存在しているということ。

聖なる存在、宇宙知性、あるいは、宇宙の根源のエネルギーと言った方がいいかもしれない。それは全体を一つにしているエネルギーです。そのエネルギーは絶対的な善なんです。すべてよし、みんなよし。あらゆるものが全肯定の中で受け入れられているんです。

先祖に感謝することは、宇宙知性を愛でて感謝している行為

すべてのあなたにつながった、すべての先祖、この先祖は、決して人間だけではありません。地球上のすべての生き物があなたの先祖です。そのことを少し意識してみてください。

長い、長い長い旅の果てに今のあなたが存在しています。そのことを忘れずにいてください。

落ち着いていく意識の中で、
この宇宙開闢以来１３８億年経ったと言われているそのすべてを眺めていきます。
小さな小さな点がいきなり大きな世界を創り出します。
ビッグバン現象が起きました。
そしてたくさんの気体がふきだし、
それが回転して雲になり、やがてエネルギーを持って炎となります。
炎はさらに回転しつづけ、やがて星をつくりだします。
星の内側に火を持ち、水を持ち、
そして外側に水をたたえた星、それが46億年前の地球の誕生です。
やがて生命体が現れます。
最初はシアノバクテリアという名前のバクテリアが誕生します。
それから様々な遍歴を経て、高等生物へと発展していきます。
植物と動物にわかれ、やがて霊長類である人間が誕生していきます。
そこからの長い長い歴史もあなたの中にはずっとつながっています。
あなたはたくさんの先祖の中で誕生した奇跡的な存在なんです。

そのことをもう一度味わってください。

あなたの両親を見てください。
その両親のおかげであなたは誕生しました。
もしかしたら、あなたの両親はあなたにとってあまりいい両親じゃなかった
かもしれません。あるいは両親を知らずに育ったかもしれません。
それでもあなたには両親がいたんです。
あなたに両親がいなかったら、あなたは誕生しませんでした。
どうぞ、もう一度そのことを見て、
命を授けてくださった両親に深い感謝をしてください。

両親に深い感謝をすることは、宇宙知性に感謝することと同じなんです。
あなたの先祖に感謝をすることは
そのまま宇宙知性・創造主そのものを愛でて感謝している行為にすぎません。
どうぞ、深い深い感謝をしてください。

おわりに

私には夢があります。

「世界中の人が、自由で、豊かで、分かち合って助け合って生きる世界をこの目で見たい！」と言うことです。

ただの夢にしてしまうか、それとも本当に実現できるのか、とても重要な分かれ道に差し掛かっています。

でもあまり重く考えるのではなく、あなたの足元から、ワクワクして喜びにあふれて進んでいきましょう。

あなたが創造する世界なのですから。

この本を出版してくださったヒカルランドの石井健資社長、みづほ夫人、それから編集してくださった、小塙友加さんには感謝してもしきれません。
そして陰で支えてくれたわが妻明子と、いやしの村東京の中西功には、感謝という言葉以上のありがたさを感じています。
それから27年間にわたって、私の活動を応援して下さった、大好きな大好きな仲間たちがいたからこそ今があります。

ありがとうございました。

合掌

中西研二

中西研二　ケビン
1948年東京生まれ。
NPO 法人「JOY ヒーリングの会」理事長、有限会社いやしの村東京創設者。
O&O アカデミー日本オーガナイザー。
ケビンの愛称で親しまれている。

新聞記者、セールスマンなど様々な職業を遍歴の後、1993年に夢の中でヒーリングを伝授され、ヒーリング活動を開始。

年間300回以上の講演・セミナー活動を全国で展開。
27年間の活動で、23万人を超える方をヒーリングし、難病や骨折などの怪我にも奇跡的な変化がおきている。
それと並行して、ヒーリングの伝授と気づきをテーマにしたセミナーを行い、日本だけでなく中国、アメリカにもたくさんのヒーラーが誕生している。
世界の指導者が集まるワンネスユニバーシティ（現 O&O アカデミー）のシュリ・バガヴァンのもとを訪れた際に奇跡の目を伝授される。その後『奇跡の水』『奇跡の塩』を生み出し、それによって数々の奇跡がおきている。

2020年３月からはオンラインセミナーも開始。
オリジナルの日本式癒し術「愛和道」を通じて、日本全国のみならず中国、ハワイなど海外に向けても昼夜を問わず活動をしている。

著書に『そのまんまでオッケー！』『悟りってなあに？』『あなたは、わたし。わたしは、あなた。』（VOICE）『「なんにも、ない。」』（シャンタン（宮井陸郎）氏との共著／ヒカルランド）がある。

たちどまって自分を癒す
あなたこそ、世界を変えるゲートウェイ

第一刷　２０２０年７月31日

著者　中西研二

発行人　石井健資

発行所　株式会社ヒカルランド
〒162-0821　東京都新宿区津久戸町3-11　TH1ビル6F
電話　03-6265-0852　ファックス　03-6265-0853
http://www.hikaruland.co.jp　info@hikaruland.co.jp

振替　00180-8-496587

本文・カバー・製本　中央精版印刷株式会社

DTP　株式会社キャップス

編集担当　小塙友加

ISBN978-4-86471-900-1

神楽坂♥散歩（ハート）
ヒカルランドパーク

出版記念セミナー
先祖（DNA）解放とディクシャの会

講師：中西研二（ケビン）

本著の発売を記念して、スペシャルセミナーを開催します。

押し寄せるマインドは、あなたのものではありません。先祖から流れてくる川のようなもの。

先祖に感謝をし、真の意味で先祖解放がなされたとき、エネルギーは解放されていくとケビン（中西研二氏）は語ります。

ケビンの誘導の元、先祖（DNA）解放の瞑想ワークを行います。

さらに、マインドのエネルギー構造を壊し、元一つの宇宙知性とのつながりを取り戻すための特別なエネルギー伝授「ワンネスディクシャ」が受けられます。

『たちどまって自分を癒す』

その意味の理解を深めながら、実際にワークやセッションが受けられる濃厚セミナーです。

絡めとるマインドの渦から自らを解き放つプロセスへと誘います。

日時：2020年9月12日（土）　開場 12：30　開演 13：00　終了 15：30
料金：10,000円　会場＆申し込み：ヒカルランドパーク

ヒカルランドパーク
JR飯田橋駅東口または地下鉄B1出口（徒歩10分弱）
住所：東京都新宿区津久戸町3－11 飯田橋 TH1ビル 7F
電話：03－5225－2671（平日10時－17時）
メール：info@hikarulandpark.jp　URL：http://hikarulandpark.jp/
Twitter アカウント：@hikarulandpark
ホームページからも予約＆購入できます。

ヒカルランド　好評既刊！

地上の星☆ヒカルランド　銀河より届く愛と叡智の宅配便

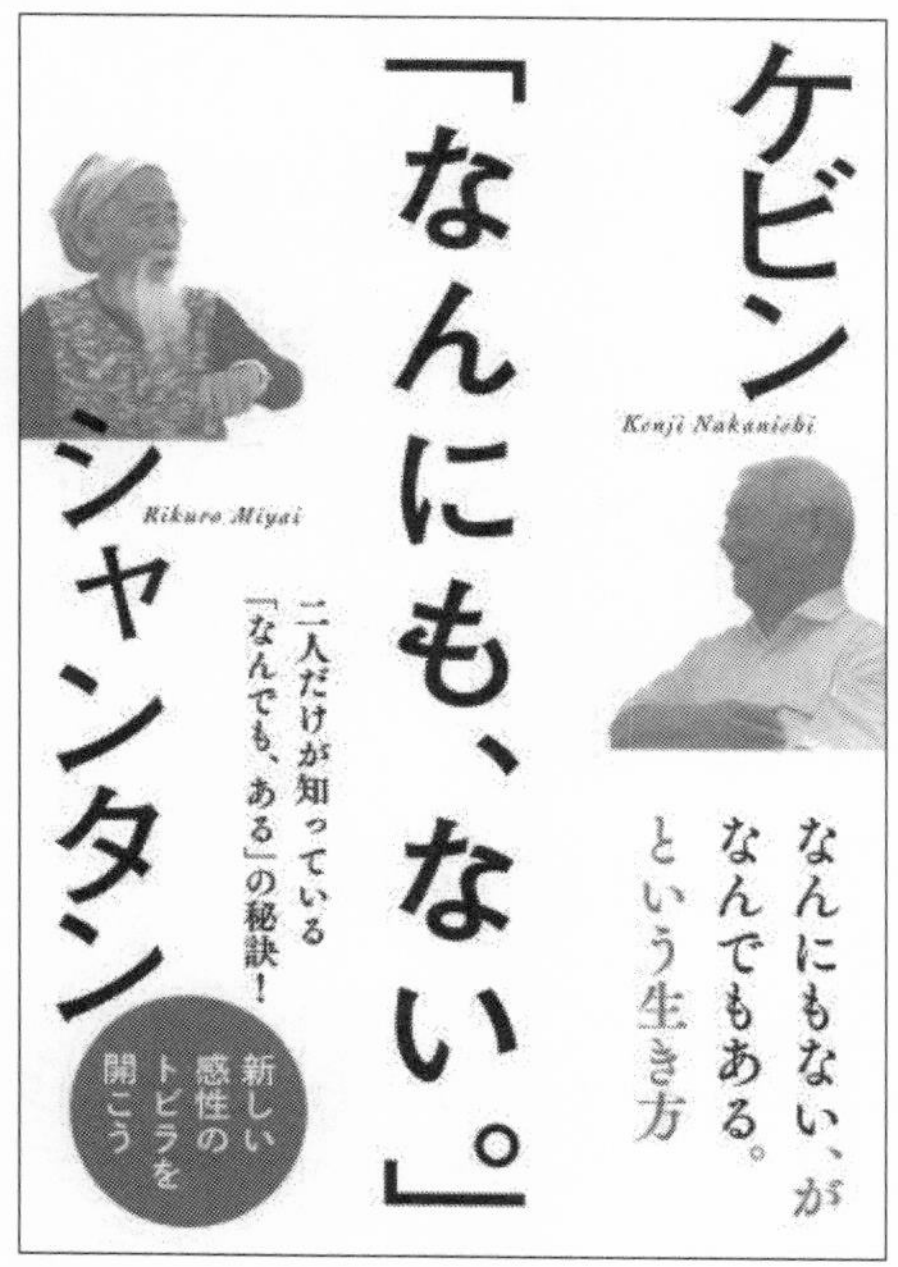

「なんにも、ない。」
著者：ケビン（中西研二）／シャンタン（宮井陸郎）
四六ソフト　本体 1,800円+税

インドの大聖者から呼ばれた日本の目醒めたおじいさん二人。

宇宙意識と繋がり悟りの今を生きる巨星二人の対談が実現！

驚異のヒーラー・ケビンこと中西研二氏、瞑想家OSHOの弟子、ライトワーカーのシャンタン（宮井陸郎）さん。

今こそ日本人に伝えたいという生きた言葉の数々は、悟りへのナビゲーション。

「なんにも、ない」が「なんでも、ある」。

なんでもある、という生き方へ、新しい感性のトビラを開こう！

ケビン（中西研二）活動紹介

ひとりぼっちじゃない、ご縁ある人たちの助け合いの中で
お互いを認め助け合い、一人ひとりの違いを分かち合える
そんなあたりまえを大切にする社会を目指し活動しています。

愛和道

ケビンオリジナルの
27年間続く奇跡的な癒し術

JOYヒーリング

5次元ヒーリング

遠隔ヒーリング

病気を「治す」にはその本体にある「想い」に気づくことが大切です。
私はみなさんをその「気づき」へと導くナビゲーターにすぎません。「身体も意識の産物」です。私はただ純粋なパイプとなって「愛の波動」を送るだけです。

受けられた方の内側から、根本原因に癒しがおこります。

ワンネスディクシャ シュリシッディ

人々を苦しみから解放する
エネルギー伝授

ワンネスディクシャ

遠隔ワンネスディクシャ

シュリシッディ

ワンネスディクシャとは、インドO&Oアカデミー創設者の聖者シュリ・バガヴァンが、人々を苦しみから解放するために始めたエネルギー伝授のこと。脳の物理的な状態が変わることで、思考パターンが変わります。それによって、心のしこりや不安感といった感情的チャージが自然と解消されていきます。
シュリシッディとは、シュリ＝富 シッディ＝霊的な という意味です。シュリシッディは、O&OアカデミーのOCLCコースに参加した人だけに与えられる豊かさ、富に特化したエネルギーの伝授法です。受けられた方から、経済的な願望はもちろん、人間関係、健康、美しさ、賢さなどあらゆる願いが、奇跡的に叶ったという報告が寄せられています。

平和の水を普及させるためにシャンタンさんの活動は続く

シャンタンさんは平和の水を用いて「200万人の祈りの水で美しい平和な星・地球を蘇らせるプロジェクト」を実行しています。

この水を地球規模で拡げていくことで、地球の浄化、人類の次元上昇、平和で理想的なミロクの世界を築くエネルギーへとなります。争いや汚染のない希望あふれる地球が蘇ることを願うすべての方に届きますように――。

平和の水
■2,000円（税込）

●内容量：約25mℓ
●原材料：植物性発酵エタノール（無水）、純金箔
※エネルギーが逃げるため、容器は絶対に空けないでください。 ※高温の場所、直射日光、火気を避けて保管ください。
※飲用ではありません。

聖なる波動水「平和の水」の持ち歩きに！
神聖な麻でつくられた専用水入れ

麻の手編み平和の水入れ
■3,700円（税込）

●サイズ：長さ約50cm
●素材：麻

200万人の祈りとディクシャのエネルギーが込められた 誰もが波動の使い手となれる聖なる水

光の使者シャンタンさんがエネルギーを封印

シャンタンさん（左）とケビンさん（右）

インドの神秘思想家・OSHOの元で修行をされたシャンタン（宮井陸郎）さん。ゆるゆる瞑想と光の柱立てをライフワークとし、画家としても活動されています。現在は全国各地でゴールデンライトワーカー養成講座を展開するなど精力的に活動を行っています。
一方で、ヒーラーとして20万人を超える人々を癒してきたケビン（中西研二）さんは、3.11後、インドの聖者シュリ・バガヴァン氏のアドバイスにより、1000人を超える参加者を集め、ディクシャのエネルギーを込めた「祈りの水」を作りました。その水に、シャンタンさんがさらに、エネルギーを封入しました。インドのバガヴァンが開催した祈りの会には、世界各地で同時に200万人が参加しました。祈りのエネルギーがピークに達したその瞬間、シャンタンさんはシャッとエネルギーを捉えて、身体を通して祈りの水に封入したのです。
その後、金沢に滞在していたシャンタンさんに、加賀藩の武将、前田利家が降りてきて、金箔を入れるようにと指示し、現在の「平和の水」が誕生したのです。

平和の水の波動がもたらす不思議の数々

この水を所有することで、その所有者の波動がさらに200万人の波動の輪に加わり、地球を浄化し平和な世界を築き上げる力へと昇華されていきます。
そして、平和の水はこのような平和利用だけにとどまりません。200万人の祈りの波動が込められた水はパワーにあふれ、その波動の高さゆえに、あらゆることに活用できるのです。

平和の水の使用例

◆飲み物が入った瓶やグラスのフチをカンカンと軽くたたく
→波動が転写されエネルギーアップ
◆霧吹きの容器に平和の水を容器ごと沈める
→浄化力が上がる
◆パソコンなどの機械や物にカンカンと軽くたたく
→調子の悪い機械が直った例も報告あり
◆車のエンジンや電気メーターの上部に貼りつける
→燃費や電気代の改善
◆台所のシンクの排水溝に置く
→排水を通して環境改善に
◆体に身につけるなど、いつも持ち歩く
→お守り代わりとして機能

ヒカルランド　近刊予告！

地上の星☆ヒカルランド　銀河より届く愛と叡智の宅配便

ぜんぶわたし。
いのちの約束
絵：さいとうけん＆さいとうえり
文：齋藤真希
Ｂ５ハード　予価 2,500円+税

身体を離れたけんくんと地球在住の姉えりちゃんの不思議なコラボレーションにより生まれた奇跡の絵。純真無垢な存在が届けてくれた作品たちは、『光の意識』を呼び醒ます不思議な力を秘めていた！
一つの家族が体験した時空を超えた「いのちの約束」。
地球、家族、あなた、僕…みんな一つ。つながっているよ。

超ヒーラー・中西研二（ケビン）氏推薦
「人は死なない」。このことを、感動と共に教えてくれた光の魂、けんくん、おかえり！

ヒカルランド　　好評既刊＆近刊予告！

地上の星☆ヒカルランド　銀河より届く愛と叡智の宅配便

ツル 超未来を見てきた少年
絵と文：majo
協力：木内鶴彦
四六ソフト　予価 2,000円+税

コロナ、わが友よ

パンデミックの暗示とは一体何？
今、意識を変えないとどうなるのか？
他に類を見ない真実への洞察を、
この本で明らかにします！

マンフレッド・クラメス
Manfred Krames

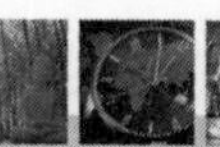

写真40枚以上、フルカラー！
英語の勉強にもなる2か国語版！

Corona, our friend

コロナ、わが友よ：Corona, our friend
著者：マンフレッド・クラメス
訳者：佐藤雅美
四六ソフト　予価 2,000円+税

ホリスティック医学×胎内記憶
エドガー・ケイシーの未来育児
著者：光田 秀／池川 明
四六ソフト　本体 2,000円+税

「壊す」は「光和す」
【コロナ】大いなる宇宙の意図
著者：宿谷直晃
四六ソフト　本体 3,000円+税